# PFLANZENGLÜCK
## PLANTELYKKE

Herausgegeben von **smarticular.net**
Das Ideenportal für ein einfaches und
nachhaltiges Leben

*Für meinen Vater und meine Mutter,
für den Landwirt und die Krankenpflegerin,
die mir die Liebe zur Natur und den Menschen
beigebracht haben.*

## ANDERS RØYNEBERG

**@arctic**gardener

*In Zusammenarbeit mit Erik Schjerven*
*Übersetzung aus dem Norwegischen von Sabine Richter*

# PFLANZENGLÜCK
## PLANTELYKKE

*Gesünder leben
und schöner wohnen
mit Zimmerpflanzen*

Auch als
**E-Book**
erhältlich

# Inhalt

*Menschen haben sich schon immer mit Pflanzen beschäftigt. Botanische Gärten gibt es in der ganzen Welt, und der in Oslo ist mir der liebste.*

# Vorwort

— „Was soll man mit so vielen Pflanzen?"
Diese Frage bekomme ich oft von meinen Followern auf Instagram, wo ich meine Fotos hochlade. Man kennt mich da als @arcticgardener.

100 Grünpflanzen in einer kleinen Stadtwohnung zu halten, mag wohl etwas seltsam erscheinen – das sehe ich auch –, aber hinter dem Ganzen steckt eine Philosophie. Pflanzen tun mir auf unterschiedliche Art und Weise gut: Sie inspirieren mich (durch ihre Schönheit), sind gut für meine Gesundheit (weil sie die Luft reinigen) und machen mich harmonischer (weil sie Angst und Depressionen entgegenwirken).

— „Ist das nicht furchtbar kompliziert?"
Nein, nicht unbedingt – auch wenn ich im kühlen Norden lebe und wir alle (auch ich) schon einige Pflanzenleben auf dem Gewissen haben. Im Laufe der Zeit habe ich so einiges an Erfahrungen gesammelt, die ich gern mit dir teilen möchte. Und du musst dir auch keine 100 Pflanzen anschaffen, aber eine geht schon, vielleicht auch zwei … oder auch ein paar mehr?

Die Rückmeldungen zu den Fotos von meiner grünen Wohnung, die ich seit ein paar Jahren auf Instagram teile, sind überwältigend. Warum? Ein wichtiger, übergeordneter Grund ist der, denke ich mal, dass wir Menschen Pflanzen brauchen, damit es uns gut geht. Außerdem sehe ich, dass sich viele Pflanzenfreunde Gedanken über den Schutz unseres Planeten machen. Deshalb sage ich, ich bin *pflanzen- und planeten-positiv*. Das hängt zusammen.

Ich hoffe, dieses Buch kann dich inspirieren, zum Pflanzenenthusiasten zu werden. Vielleicht interessierst du dich für Zimmerpflanzen, weil sie mit ihrer Schönheit dein Interieur bereichern, vielleicht interessierst du dich eher für den Aspekt deiner Gesunderhaltung, oder vielleicht geht es dir auch – so wie mir – um beides.

Wie auch immer, ich habe eine ganze Reihe von Tipps und Ratschlägen, die ich dir gern weitergeben möchte: welche Pflanzen du nehmen solltest, wie du sie pflegen kannst, wie deine Pflanzen deine Einrichtung aufwerten und wie sie zu deiner Gesundheit beitragen können. Mein Ziel ist, dass du Pflanzen *noch mehr* magst als ohnehin schon. Deshalb wünsche ich dir ein pflanztastisches Leseerlebnis!

# Pflanzenfreunde sind friedliche Menschen

Wenn du Pflanzen magst, dann sage ich mal: Herzlichen Glückwunsch, du bist kein Schlägertyp! Pflanzenfreunde sind friedliche Menschen! Dass du in diesem Buch hier blätterst, ist ein gutes Zeichen. Pflanzenfreunde schimpfen und streiten sich auch nicht gern. Wir wollen am liebsten Ruhe und Frieden, damit wir uns um unsere Pflanzen kümmern können.

Immer wieder suchen Frauen aus dem Nahen Osten den Kontakt zu mir. Viele von ihnen stammen aus den Regionen, die George W. Bush damals, als er noch amerikanischer Präsident war, als „Achse des Bösen" bezeichnet hatte. Diese Frauen überschütten mich förmlich mit Glückwünschen und guten Worten. Ich fragte einmal eine irakische Frau, warum sich Frauen wie sie von mir als nordeuropäischem Mann mit meinem Pflanzeninteresse angesprochen fühlen. „Ich bin so froh, wenn ich Männer sehe, die sich mit Pflanzen beschäftigen", antwortete sie. „Das ist so was von friedlich und schön!"

Ihre Botschaft – Frieden, Ruhe und Harmonie – gilt für die meisten Pflanzenfreunde.

## EINE GRÜNE, GLOBALE KRAFT

Pflanzenfreunde überall auf der Welt haben etwas gemein: die Liebe zu und den Respekt vor Pflanzen. Darin liegt eine globale Kraft. Wir werden immer mehr – wir Menschen, die denken, dass Pflanzen nicht nur dekorativ sind, sondern lebenswichtig. Die grüne Welle rollt über unseren Planeten. Vielleicht denkst du, ich wäre naiv – das kann ich aushalten. Ich bin kein Extremist, ich esse ab und zu Fleisch und reise mit dem Flugzeug, aber gleichzeitig halte ich den Glauben hoch, dass grüne Pflanzen – ob nun in unserer Wohnung, oder im Dschungel des Amazonas – zu dem Wichtigsten gehören, was wir in den kommenden Jahren besonders schützen müssen. Sie atmen Leben!

Vielleicht hast du schon mal von der *grünen Wende* gehört? Weltweit wollen Menschen eine engere Verbindung zur Natur, wollen eins sein mit ihrer grünen Umgebung. Die wachsende Anzahl von Zimmerpflanzen zeigt diese Sehnsucht. Seit Langem schon haben wir uns von der Natur entfernt, doch jetzt sind wir dabei, ihr wieder näherzukommen – und sie in unsere Wohnungen zu holen. Deshalb hoffe ich, dass immer mehr Leute dazu inspiriert werden, ihr Zuhause in grüne Oasen zu verwandeln.

Es geht uns Menschen besser, wenn wir nahe an der Natur leben. Ich nenne das die *Kraft des Chlorophylls.* Das ist auch der eigentliche Grund, warum immer mehr Leute ihre Wohnungen mit Pflanzen füllen. Grünpflanzen machen uns gesünder, stärker und harmonischer. Gibt es dazu Alternativen? Nein. Ist das wissenschaftlich belegt? Ja.

Junge Leute wollen grüner leben. Sie reagieren auf die Berichte von Plastikabfällen in den Weltmeeren, Pflanzenschutzmitteln in der Nahrung, Umweltverschmutzung und globaler Erwärmung. Grünpflanzen spielen für dieses Bewusstwerden eine wichtige Rolle: In immer mehr Grundschulen lernen die Kinder nun das Säen, die Pflege und das Ernten grüner Gewächse. In ein paar Jahren haben wir ein engagiertes Heer von grünen Aktivisten, die diese grüne Botschaft weitertragen wollen. Dieser Gedanke rührt mein grünes Herz.

## #ichliebepflanzen

... und deshalb habe ich 100 von ihnen in meiner kleinen Osloer Wohnung. Ich habe Bananenpflanzen, Zitruspflanzen, Olivenbäumchen, Farne, tropische Pflanzen, Sukkulenten und vieles mehr. Einige meiner Freunde finden, ich hätte da ein Problem, d. h., dass das Maß schon überschritten sei, aber darauf antworte ich immer: Es gibt Schlimmeres! Ich finde, ich habe immer noch alles gut im Griff. Zurzeit übe ich mich darin, einige meiner Pflanzen wegzugeben, was mir schwerfällt, aber es funktioniert. Pflanzen machen dich süchtig nach mehr Pflanzen! Lass dir das eine Warnung sein!

Mein Interesse für Pflanzen wurde schon als Kind geweckt. Ich bin mit meinen fünf Schwestern bei meiner Mutter und meinem Vater auf einem Bauernhof, mitten im Grünen, aufgewachsen. Wir sind also eine große Familie. Auf meine Schwestern bin ich stolz, sie sind starke, unabhängige nordeuropäische Frauen, die daran gewöhnt sind, zuzupacken. Was viele denken, ist, dass ich als einziger Hahn im Korbe verwöhnt sein müsste. Bin ich aber nicht! Ich selbst würde über mich sagen, dass ich wohl eher abgehärtet bin. Unsere Eltern brachten uns bei, dass wir alle gleich sind, dass alle Menschen gleich wertvoll sind. Unsere Kindheit, eingebettet in die Natur, war gut und von Gerechtigkeitssinn geprägt. Meine Erinnerungen an die grünen Wiesen, auf denen wir spielten, machen mich heute schon etwas sentimental.

Als ich später nach Oslo zog, tat sich für mich ein Abgrund auf. Ich liebte das Stadtleben mit seinen vielen Möglichkeiten, aber irgendetwas fehlte. Ich bemerkte schnell, dass ich meine Wohnung mit mehr und mehr Pflanzen vollstellte und damit dem Bedürfnis nachging, das zu imitieren, was ich von zu Hause her kannte, und eine Verbindung zu meiner Kindheit herzustellen. Ich hätte wieder in meine Heimat zurückkehren können, entschied mich aber stattdessen dazu, die Natur in mein neues Zuhause zu holen. Die Folgen waren offensichtlich: Meine Unruhe und das Gefühl der Entwurzelung legten sich.

*Korbmarante*

# Die richtige Pflanze finden

Lass mich mal Klartext reden: Das Erfolgsrezept, um mit Pflanzen sein Glück zu finden, ist, die richtige Pflanze zu entdecken. Und als erste Regel – da wir ja nicht in einem Land im Süden leben – gilt, Pflanzen zu finden, die die drei Todesmonate, wie ich sie nenne, also den November, Dezember und Januar, überleben. In dieser Jahreszeit haben wir kurze Tage und wenig natürliches Sonnenlicht, was zur Folge hat, dass uns viele Pflanzen eingehen. Wie können also *deine* Pflanzen überleben und nicht zuletzt gedeihen? Es geht also darum, robuste Pflanzen zu finden. Davon gibt's glücklicherweise eine ganze Menge.

*Das Erfolgsrezept: robuste Pflanzen aussuchen, die zu den Lichtverhältnissen deiner Wohnung passen! Warum? Licht macht viel aus, wenn es um das Wachstum und das Gedeihen deiner Pflanzen geht.*

Kreuz- oder Greiskraut
Senecio „Angel Wings"

Clusia/
Balsamapfel

*Pflanzen mit hellen Blättern brauchen viel Licht.*

*Pflanzen mit dunklen Blättern brauchen wenig Licht.*

Fischgrätenkaktus (Zickzack-
Kaktus, Sägeblattkaktus)

Kakteen brauchen wenig
Wasser und Pflege.

*Für die meisten Leute sind Sukkulenten und Kakteen die unkompliziertesten Pflanzen, weil sie in ihren Blättern und Stängeln Wasser einlagern und minimale Pflege und Aufmerksamkeit verlangen.*

*Wähle eine Pflanze mit dicken, dunkelgrünen Blättern, doch am wichtigsten ist: Geh dabei von den Lichtverhältnissen in deiner Wohnung aus!*

## DICKE UND SAFTIGE DUNKELGRÜNE BLÄTTER

Pflanzen mit dicken Blättern zu finden, ist die erste Faustregel. Solche Pflanzen lagern in ihren Blättern Wasser ein und brauchen deshalb über längere Perioden hinweg weder Wasser noch Pflege. Sie wollen mitunter tatsächlich links liegen gelassen werden – perfekt, wenn du viel unterwegs bist oder deine Pflanzen ab und zu vergisst.

Einige dieser Pflanzen sind Wüstenpflanzen, die in Trockenzeiten das Wasser in ihren Blättern speichern müssen, um zu überleben. Das tun sie, weil sie wissen, dass es bis zum nächsten wohltuenden Regenguss noch eine Weile dauern kann. Wüstenpflanzen mögen es deshalb nicht, wenn man sie zu häufig gießt, denn dann können ihre Wurzeln zu faulen beginnen. Sie mögen Pflanzenfreunde, die mit dem Wasser geizen. Ich selbst gieße überdurchschnittlich gern, deshalb machen mir diese Pflanzen ab und zu Probleme.

Also, was tun, wenn du Pflanzen kaufst? Fass die Blätter an! Sind sie dick und fest, dann sind sie gute Wasserspeicher. Das heißt, du kannst auch ruhig ein paar Wochen weg sein, ohne große Angst haben zu müssen, sie könnten in der Zwischenzeit verwelken.

Eine dunkle Blattfarbe kann bedeuten, dass die Pflanzen ohne viel Licht auskommen. Viele von ihnen kommen in der Regel heil durch die Todesmonate.

**Meine pflegeleichten Lieblingspflanzen:**
- Glücksfeder/Zamie *(Zamioculcas zamiifolia)*
- Sansevieria/Bogenhanf *(Sansevieria trifasciata)*
- Fischgrätenkaktus/Zickzack-Kaktus/Sägeblattkaktus *(Epiphyllum anguliger)*

**Pflegeleichte Lieblingspflanzen meiner Instagram-Follower:**
- Efeutute *(Epipremnum aureum)*
- Grünlilie *(Chlorophytum comosum)*
- Fensterblatt/Monstera *(Monstera deliciosa)*
- Yucca/Palmlilie *(Yucca elephantipes)*
- Gummibaum *(Ficus elastica)*
- Wachsblume *(Hoya)*
- Geigenfeige *(Ficus lyrata)*

# FÜR JEDEN GIBT ES EINE PASSENDE PFLANZE

Dein Lebensstil und deine Persönlichkeit sind ausschlaggebend für die Art von Pflanze, die mit deiner Hilfe gedeiht. Welcher Pflanzenfreund-Typ bist du?

**Am Anfang:** Bist du noch ganz grün hinter den Ohren, was Zimmerpflanzen betrifft, dann besorg dir eine pflegeleichte und robuste Pflanze. *Vorschlag*: Glücksfeder/Zamie *(Zamioculcas zamiifolia)*.

**Tendenz zum Zimmerpflanzenserienmord:** Hast du vielleicht schon viele Pflanzenleben auf dem Gewissen? Besorge dir eine widerstandsfähige Pflanze. *Vorschlag*: Sansevieria/Bogenhanf/Schwiegermutterzunge *(Sanseviera trifasciata)*.

**Jetset:** Bist du eher selten zu Hause, weil du viel arbeitest, Party machst oder viel reist? Besorge dir eine selbstständige Pflanze, einen Kaktus. *Vorschlag*: Fischgrätenkaktus *(Epiphyllum anguliger)*.

**Gestresste Eltern von Kleinkindern:** Bist du wegen der Arbeit, der Kinder, Vereinsoder Klubarbeit und anderer Aktivitäten ständig unter Zeitdruck, dann setz am besten auf robuste Pflanzen, die etwas aushalten können. *Vorschlag*: Goldfruchtpalme bzw. Areca-Palme *(Dypsis lutescens)*.

**Fürsorgliche:** Nimmst du dir gern Zeit für deine Pflanzen, schaust du sie dir genau an, sprichst du mit ihnen, fasst du sie an und beschäftigst dich oft mit ihnen? *Vorschlag*: Calathea bzw. Korbmarante *(Calathea orbifolia)*. Diese grüne, tropische Schönheit braucht nicht viel, ist aber unglaublich attraktiv. Mein absoluter Liebling!

**Talentierte:** Frauenhaarfarn *(Adiantum)*. Gedeiht er bei dir, dann bist du wirklich gut! Außergewöhnlich schön, doch er stellt große Ansprüche, was Gießen, Mit-Wasser-Besprühen, Düngen und besondere Lichtverhältnisse betrifft. Bisher habe ich mir noch keinen angeschafft aus Angst, an ihm zu scheitern, aber vielleicht sollte ich es jetzt einmal versuchen?

**Pflanzen-Freaks:** Bist du ein Freak und magst eher etwas seltene oder exotische Pflanzen? Experimentierst du dazu auch noch gern und liest viel Literatur über die verschiedenen Pflanzen und deren Bedürfnisse? *Vorschlag*: Avocado-Pflanze *(Persea americana)*. Kauf dir eine Avocado, iss sie, leg den Kern ins Wasser – und schon ziehst du dir deine eigene Avocado-Pflanze.

**Mode-Fans:** Interessieren dich Trends? Kauf dir ein Fensterblatt *(Monstera)*. Oder warte mal – das war ja vorgestern! Wie wäre es denn mit dem Dreieckigen Glücksklee/dem Roten Dreiecksklee *(Oxalis triangularis)*? Pflanzenfreunde, die aktuellen Trends folgen, laufen Gefahr, Pflanzen schnell austauschen zu müssen. Such dir lieber eine Pflanze, die du wirklich magst!

**Gourmets:** Isst du gern deine eigenen Pflanzen, dann gibt es Unmengen an grünen Kräutern, die du das ganze Jahr über im Zimmer züchten kannst. *Vorschlag*: Petersilie *(Petroselinum)*. Wenn du dir eine kleine Pflanzenlampe oder eine LED-Leuchte anschaffst, gelingt es dir, immer frische Petersilie zu ernten und diese für dein Essen zu verwenden.

**Gesundheitsbewusste:** Magst du die gesundheitlichen Aspekte der Pflanzenhaltung? Finde einen Luftreiniger wie z. B. die Efeutute *(Epipremnum aureum)*. Sie reinigt die Zimmerluft, und du fühlst dich erfrischt und munter, bekommst eine bessere Haut und kannst besser schlafen.

## DIE LICHTVERHÄLTNISSE SIND DAS A UND O

Mir ging wirklich ein Licht auf, als ich begriff, wie wichtig die Lichtverhältnisse für meine Pflanzen sind. Wenn du dir Pflanzen aussuchst, sind die Lichtverhältnisse in deiner Wohnung von entscheidender Bedeutung. Wenn du Erfolg haben willst und deine Pflanzen gedeihen sollen, dann musst du vorher den Lichteinfall einschätzen: Gehen deine Fenster nach Süden, Westen, Norden oder Osten?

Im Loft meines Partners im Osloer Stadtteil Grünerløkka gedeihen die Pflanzen großartig. Sie bekommen von oben, durch die Dachfenster, Licht – wie in einem Wald, wo die Pflanzen unter hohen Bäumen wachsen. Und vielleicht gedeihen sie hier so besonders gut, weil das von oben einfallende Licht sie an ihren Ursprung irgendwo im Dschungel des Amazonas erinnert? In meiner eigenen Wohnung im Stadtteil St. Hanshaugen gehen alle Fenster nach Osten.

**Pflanzen, die wenig Licht brauchen:**

- Glücksfeder/Zamie
  *(Zamioculcas zamiifolia)*
- Gerandeter Drachenbaum
  *(Dracaena marginata)*
- Fensterblatt/Monstera
  *(Monstera deliciosa)*
- Fischgrätenkaktus
  *(Epiphyllum anguliger)*
- Efeutute
  *(Epipremnum aureum)*

**Pflanzen, die Licht brauchen:**

- Strahlenaralie
  *(Schefflera)*
- Elefantenfuß
  *(Beaucarnea recurvata)*
- Sukkulenten
  (mehrere Arten)
- Kakteen
  (mehrere Arten)
- Calamondin/Zwergorange
  *(x Citrofortunella mitis)*
- Yucca/Palmlilie *(Yucca elephantipes)*

*Die meisten Smartphones haben einen Kompass, mit dem sich die Himmelsrichtungen bestimmen lassen.*

## Wissenswertes

*Selbst die dunkelste Ecke im Freien ist noch heller als die hellste Ecke in den Innenräumen. Draußen strömt das Licht von allen Seiten, drinnen kommt das Licht lediglich von einer Lichtquelle, deinem Fenster. Südfenster haben das meiste Licht.*

## WO KANN MAN GRÜNPFLANZEN KAUFEN?

Ich kaufe meine Pflanzen in verschiedenen Läden. Die beste Qualität findest du in einer ordentlichen Gärtnerei. Grundsätzlich unterstütze ich am liebsten lokale Blumenläden bzw. Gärtnereien mit engagierten Fachverkäufern. Diese können dir auch zu den für dich passenden Pflanzen und deren Pflege Tipps und Ratschläge geben.

Ich bin aber kein Dogmatiker, sondern kaufe meine Pflanzen mal hier, mal da. Wenn mir etwas gefällt, dann gebe ich oft der Versuchung nach. Pflanzen findest du also in allen möglichen Läden, von Gärtnereien bis hin zu Lebensmittelläden. Mir ist es auch schon passiert, dass mich ein engagierter Blumenladeninhaber ausgeschimpft hat, weil er meinte, ich würde meine „Seele den dunklen Mächten" verkaufen, nur weil ich bei IKEA Pflanzen gekauft hatte. Pflanzen erwecken nun einmal Leidenschaft und Gefühle in uns Menschen!

## WELCHE PFLANZEN SUCHST DU DIR AUS?

Wenn du nach Pflanzen suchst, dann nimm die mit starken, gesunden und robusten Blättern! Vermeide die mit gelben, roten oder braunen Flecken auf den Blättern! Ein schwacher und zerbrechlicher Stängel kann ebenfalls ein Anzeichen dafür sein, dass mit der Pflanze etwas nicht stimmt. Schädlinge kann man leicht entdecken, also kontrolliere, dass sich keine Insekten auf der Ober- und Unterseite der Blätter befinden. Sollte die Pflanze im Laden beschnitten worden sein, z.B. indem der oberste Trieb entfernt worden ist, so ist das in der Regel nicht so wild; Pflanzen werden auf dem Transport zum Laden ab und zu beschädigt.

## SIND PFLANZEN GIFTIG?

Pflanzen können sowohl Kinder als auch Haustiere verführen, sie anzufassen oder von ihnen zu kosten. Die meisten Zimmerpflanzen sind nicht giftig, aber der Saft einiger Pflanzen kann die Haut, den Mund, den Rachen und den Magen reizen. Wer den Saft zu sich nimmt, kann einen Juckreiz verspüren oder Bauchschmerzen bekommen. Ist man erst einmal in diesem Dilemma, dann empfiehlt es sich, gut durchzuspülen, d. h. viel Wasser zu trinken. Kalte Milchprodukte wie Joghurt können auch lindern. Bei stärkeren Symptomen hole bitte ärztlichen Rat ein!

**Pflanzen mit unangenehmem Pflanzensaft:**
- Glücksfeder/Zamie *(Zamioculcas zamiifolia)*
- Orchideen (mehrere Arten)
- Einblatt *(Spatiphyllum)*
- Ritterstern/Amaryllis *(Hippeastrum)*
- Alokasie/Pfeilblatt *(Alocasia)*
- Hortensie *(Hydrangea macrophylla)*

# Es geht los!

Nachdem du dir eine zu deinem Lebensstil passende Pflanze angeschafft und die Lichtverhältnisse zu Hause in Betracht gezogen hast, brauchst du nur noch Blumenerde und einen geeigneten Topf.

## VERSCHIEDENE SORTEN BLUMENERDE FÜR TOPFPFLANZEN

Nach meiner Erfahrung ist handelsübliche, gute Blumenerde für die meisten Pflanzen geeignet. Viele Läden bieten unterschiedliche Sorten Blumenerde, sogenannte Spezialsorten, an, aber dafür bezahlt man oft unnötig viel Geld.

Auch wenn die meisten Pflanzen in normaler Blumenerde gedeihen, geht es Kakteen und Sukkulenten besser in sandiger Erde, die schnell trocknet und keine Feuchtigkeit hält. Verwende sogenannte *Anzucht- und Kakteenerde* – sie ist nicht so nährstoffreich, ihr Sandanteil ist höher, und sie leitet überschüssiges Wasser schnell ab.

## VERSCHIEDENE SORTEN VON PFLANZENTÖPFEN

Die allermeisten Pflanzen bevorzugen Töpfe aus Naturmaterialien, die sie atmen lassen, z. B. aus Ton gefertigte Terrakottatöpfe. Pflanzen, die feuchte Erde lieben, wie z. B. Papyrus und Farne, können auch in Plastiktöpfen gut gedeihen, aber Kakteen und Sukkulenten bevorzugen Tontöpfe, weil das Naturmaterial schneller trocknet und weniger überschüssige Feuchtigkeit im Boden zurückbleibt.

Du kannst die Pflanze auch in ihrem Plastiktopf aus dem Laden lassen, aber am besten ist es, wenn du sie direkt in einen größeren Topf umpflanzt. Damit bekommt sie einen Bombenstart!

## GUTE DRAINAGE

Muss ich Drainagekugeln – auch bekannt als Tongranulat, Pflanzton oder Blähton – oder kleine Steine unten in den Topf legen? Nein, *müssen* musst du gar nichts, aber nach meiner Erfahrung vervielfachen Drainagekugeln die Aussicht aufs Wohlergehen der Pflanze. Der Grund dafür? Die Drainagekugeln sorgen dafür, dass der Boden gut drainiert wird und überschüssiges Wasser verschwindet. Somit bekommen auch die Pflanzenwurzeln besser Luft, was wiederum Wurzelfäule – die häufigste Todesursache für Zimmerpflanzen – verhindert. Also ja, leg Drainagekugeln oder kleine Steine unten in den Topf und misch auch gern noch Drainagekugeln mit in die Blumenerde, und deine Pflanze wird gedeihen. Vielleicht belohnt sie dich dann auch ab und zu mit einem frischen grünen Blatt.

*Tontöpfe sind ideal für deine Pflanzen.*

# Vermehrung
## Über Samen, Ableger, Blattstecklinge und Stängelstecklinge

Selbstverständlich kannst du dir Pflanzen kaufen, sie geschenkt bekommen, deine eigenen gegen andere eintauschen, aber was mir selbst ein richtig gutes Gefühl gibt, ist es, neue Pflanzen aus Ablegern der Mutterpflanze zu ziehen – besonders dann, wenn ich eine Pflanze habe, die ich sehr mag und bei der ich fürchte, dass sie an einem Punkt eingehen wird.

Es gibt verschiedene Methoden, um deine Pflanzensammlung zu vermehren: aus Samen, Stecklingen und Ablegern.

Das Frühjahr und der Sommer sind die beste Zeit für die Vermehrung, denn in dieser Phase wächst die Pflanze und wird größer. Ein perfekter Zeitpunkt für neue Jungpflanzen!

## Geschenktipp

*Das beste Geschenk, das man machen und auch bekommen kann? Eine selbst gezogene Pflanze! Mit ihr schenkst du denjenigen, die dir wichtig sind, gleichzeitig die Zeit und Liebe, die du in diese Pflanze gesteckt hast. Die Beschenkten werden dich unter Garantie noch mehr mögen als ohnehin schon!*

*Efeutute*

## Wissenswertes

Die Wachstumsbedingungen in Norwegen oder Mitteleuropa sind leider nicht gut genug, um eine Avocadofrucht hervorzubringen, es sei denn, dein Zuhause bietet außergewöhnlich gute Wachstumsbedingungen. Mit ihren langen Stängeln ist die Pflanze jedoch ausgesprochen elegant und ungewöhnlich.

## SAMEN

Die meisten Pflanzen kann man aus Samen ziehen, doch mit einigen gelingt das leichter als mit anderen. Möchtest du etwas säen, dann im März/April, d.h. ganz am Anfang der Wachstumsphase.

### Avocado

Die Avocadopflanze *(Persea americana)* hat in letzter Zeit wirklich an Popularität gewonnen. Sich eine selbst heranzuziehen, ist ja auch so einfach, lehrreich und noch dazu spannend. Hier kommt eine Anleitung, wie es dir gelingt – nachdem du die Avocado gegessen hast –, aus deren Kern (also aus dem Samen) deinen eigenen Avocadobaum zu ziehen. Viel Glück! Und so gehst du vor:

1. Den Kern gut abspülen und alles Fruchtfleisch entfernen.
2. Die spitze Seite nach oben drehen und vier Stöckchen – erfahrungsgemäß eignen sich Zahnstocher besonders gut – ca. 2 cm von oben seitlich in den Kern bohren.
3. Wasser in ein durchsichtiges Glas gießen und den Kern so hineinhängen, dass die Stöckchen/Zahnstocher auf dem Rand aufliegen.
4. Kontrollieren, dass das flachere Ende des Avocadokerns immer unter Wasser liegt.
5. Das Glas am besten an den hellsten Ort deiner Wohnung stellen. Die Avocado stammt aus Mittel- und Südamerika und mag daher viel Sonne.
6. Das Wasser ein-, zweimal die Woche gegen frisches austauschen, sodass der Kern nicht zu schimmeln beginnt.
7. Nach ein paar Wochen bricht im Avocadokern ein Spalt auf, und es werden im Wasser Wurzeln gebildet.
8. Nach ein paar weiteren Wochen siehst du aus dem oberen Ende des Kerns einen frischen Trieb sprießen.
9. Wenn der Trieb ca. 20 cm lang geworden ist, den Kern in einen Topf mit Blumenerde pflanzen und den oberen Teil etwas aus der Erde gucken lassen.
10. Die Avocado ist stets durstig und mag deshalb viel Wasser. Deshalb sollte die Erde feucht gehalten werden. Einen Topf mit einem Loch im Boden, also mit einer Abflussmöglichkeit für das Wasser, verwenden, sodass die Pflanze nicht ertrinkt!

## BLATTSTECKLINGE

Viele Pflanzen lassen sich mit den Blättern der Mutterpflanze vermehren. Das gilt besonders für Pflanzen mit dicken Blättern wie z. B. Sukkulenten. Sie eignen sich gut für Blattstecklinge.

### Sukkulenten

So ziehst du aus Blättern neue Sukkulenten:

1. Anzucht- und Kakteenerde verwenden.
2. Du brauchst keinen tiefen Topf; ich verwende beispielsweise einen mit Erde gefüllten tiefen Teller.
3. Die Oberfläche der Anzucht- und Kakteenerde mit Wasser besprühen.
4. Blätter – am besten die untersten – von der Mutterpflanze abknipsen.
5. Die Blätter auf die Erde im Teller legen, sodass die Schnittkanten die Oberfläche berühren.
6. Die Oberfläche feucht halten, sie also ein paarmal die Woche mit Wasser besprühen.
7. Nach drei bis vier Wochen siehst du, wie sich kleine Wurzeln bilden und nach und nach auch kleine Rosetten.
8. Den Steckling mit einem Löffel in einen geeigneten, kleinen Topf pflanzen, in dem die Pflanze weiterwachsen kann.

Geldbaum/Jadebaum

Pachyphytum/Dickstamm

*Gefleckte Efeutute*

## STÄNGELSTECKLINGE

Ich bekomme gerne Stecklinge und gebe sie auch gern weiter. Stecklinge sind kleine Pflanzenstängel, die zu eigenen, selbstständigen Pflanzen werden.

**(Goldene) Efeutute** *(Epipremnum aureum)* und **Gefleckte Efeutute** *(Scindapsus pictus)* Stängelstecklinge zur Vermehrung zu verwenden, ist einfach. Mit einigen, wie z. B. mit der Efeutute und der Gefleckten Efeutute, gelingt das besser als mit anderen, und zwar wie folgt:

1. Einen Stängel der Pflanze abschneiden und die untersten Blätter entfernen.
2. Den Steckling in ein mit Wasser gefülltes durchsichtiges Glas oder in eine Flasche stellen.
3. Das Wasser einmal die Woche erneuern.
4. Nach ca. zwei bis sechs Wochen bildet der Steckling dann Wurzeln.
5. Den Steckling in Blumenerde pflanzen.

*Die braunen Knöpfchen an den Stecklingen sind Luftwurzeln, aus denen sich dann, wenn der Steckling im Wasser steht, neue Wurzeln bilden.*

## Tipp

*Entdeckst du bei Freunden eine schöne Pflanze, nimm dir gern einen Steckling. Zumeist ist es von Vorteil, um Erlaubnis zu bitten, aber es ist schon vorgekommen, dass ich einen Ableger oder zwei gemopst habe, ohne um Erlaubnis zu fragen. Eine meiner Efeututen stammt von einer Mutterpflanze in einer Tankstelle der norwegischen Gemeinde Ringerike. Ein bisschen Guerilla Gardening sollte schon erlaubt sein, oder?*

## ABLEGER

Ableger sind kleine Pflanzen, sogenannte Kindel, die neben der Mutterpflanze aus deren Wurzeln aus der Erde zu wachsen beginnen oder sich an den langen Stängeln bilden. Diese Kindel trennt man von der Mutterpflanze, indem man sie abschneidet, um sie dann in einen geeigneten Topf zu stecken. Dort entwickeln sie sich zu eigenständigen Pflanzen, die wiederum eigene Kindel hervorbringen.

**Ufopflanze/Chinesischer Geldbaum** *(Pilea peperomioides)*
Ableger aus der Ufopflanze zu ziehen, ist einfach:
1.  Einen Ableger aussuchen und vorsichtig die Erde entfernen,
    die ihn umgibt. Grabe so tief, wie es geht.
2.  Den Ableger so tief wie nur irgend möglich abschneiden,
    ohne dabei die Wurzeln der Mutterpflanze zu beschädigen.
3.  Die Erde entfernen und den Ableger in ein durchsichtiges, mit Wasser gefülltes Glas stecken, wo er nach ein paar Wochen bis Monaten Wurzeln bilden wird. Anschließend den Ableger in einen Topf mit Erde pflanzen.

Eventuell lohnt es sich auch, den Ableger direkt in frische Erde einzupflanzen und zu hoffen, dass er dort Wurzeln schlagen wird. Oft gelingt das, auch wenn man mit dieser Abkürzung leichter scheitern kann.

*Gründe deine eigene Pilea-Familie! Weil sich die Pflanze einfach vermehren lässt, gelingt es dir leicht, dir eine eigene Pilea-Familie zuzulegen. Pilea-Ableger sind auch die perfekten Mitbringsel für Freunde und Familie.*

# Pflanzenpflege
## praktische Tipps

Wir alle können noch grünere Daumen bekommen – auch wenn du dich selbst vielleicht als einen notorischen Pflanzenserienmörder siehst. Was dazu gebraucht wird, sind Interesse, ein bisschen Wissen und etwas Erfahrung. Was braucht also deine Pflanze, damit sie sich bei dir so richtig wohl fühlt? Das erste Gebot lautet: Verstehe die drei Grundbedürfnisse deiner Pflanze, die da wären:

### Licht
Pflanzen besorgen sich ihr eigenes Baumaterial, indem sie Licht im sogenannten Prozess der Fotosynthese umwandeln. Je optimaler du die Lichtverhältnisse also gestaltest, desto mehr Energie bekommen die Pflanzen. Dadurch gedeihen sie besser.

### Wasser
Wasser ist überlebensnotwendig, sowohl für Pflanzen als auch für uns Menschen. Die Kombination von Wasserstoff und Sauerstoff ist nämlich entscheidend für alles Leben auf der Erde. Ohne Wasser vertrocknet die Pflanze, und bekommt sie zu viel davon, dann ertrinkt sie. Richtiges Gießen ist deshalb notwendig und ein Wohlfühlfaktor für die Pflanzen.

### Nahrung
Genau wie wir Menschen brauchen auch Pflanzen Nahrungsstoffe, um sich frisch und gesund zu halten. Deshalb geben wir unseren Gewächsen Pflanzennahrung, d.h. Pflanzendünger. Die Zufuhr von Pflanzennahrung stimuliert das Wachstum, erhält ihre Gesundheit und macht robuster.

*Die Lichtverhältnisse bedeuten viel für deine Pflanzen.*

# Richtiges Licht

Ganz am Anfang habe ich mir eine ganze Menge Pflanzen zugelegt, die sehr gute Lichtverhältnisse benötigten. Doch wegen Lichtmangels im Winter gingen sie mir alle ein. Erst als ich begriff, dass ich Pflanzen brauchte, denen es auch in meinen Ostfenstern, d. h. unter bescheidenen Lichtverhältnissen, gut geht, ging mir im wahrsten Sinne des Wortes ein Licht auf.

## DIE RICHTIGE PFLANZE – AUSGEHEND VON DEN LICHTVERHÄLTNISSEN IN DEINEM ZUHAUSE

Die Lichtmenge in deinem Zuhause ist entscheidend dafür, ob deine Pflanzen gedeihen oder nicht. Die meisten Pflanzen mögen am liebsten viel indirektes Licht, d. h. viel Licht, aber meist kein direktes Sonnenlicht.

Versuch einmal, dir folgende Faustregeln zum Lichteinfall zu merken:
**Fenster gen Süden:** viel Licht
**Fenster gen Westen:** viel bis moderates Licht
**Fenster gen Osten:** moderates bis wenig Licht
**Fenster gen Norden:** wenig Licht

## Tipp

*Du brauchst, genau genommen, kein Fenster und natürliches Licht, um Pflanzen halten zu können. Hat dein Badezimmer z. B. kein Fenster, dann kannst du Pflanzenlampen einsetzen und so das ganze Jahr hindurch glückliche Pflanzen dein Eigen nennen. Tropische Pflanzen wie die Korbmarante gedeihen besonders gut in warmen Bädern, die feucht sind, da sich dort Dusche und Waschbecken befinden. Solche Bedingungen erinnern die Pflanzen an ihre tropische Herkunft.*

# Wissenswertes

*Pflanzen, die hell stehen, brauchen viel Wasser und Pflanzen,*
*die schattig stehen, weniger.*

**Südfenster:** sonnig
Wüstenpflanzen wie Kakteen und Sukkulenten wollen viel Sonne, Licht und Wärme und halten viel aus. Sie gedeihen das ganze Jahr über in Südfenstern.
 Die meisten Grünpflanzen gedeihen ebenfalls in Südfenstern, doch ist es wichtig, sie im Frühjahr und Sommer vor zu viel Sonne zu schützen. dies gelingt manchmal schon, wenn die Pflanzen etwas vom Fenster weggerückt werden – tiefer in den Raum hinein oder seitlich weg vom Fenster –, sodass sie mehr im Halbschatten stehen. Eventuell lassen sie sich auch mit einer Gardine schützen.

**West- und Ostfenster:** Sonne und Halbschatten
Hier fällt das Licht moderat ein, was bedeutet, dass diese Himmelsrichtungen für die meisten Pflanzen passen. Im Winterhalbjahr können die Pflanzen direkt im Fenster stehen, sollten aber im Sommerhalbjahr etwas weggerückt oder durch eine Gardine geschützt werden.

**Nordfenster:** Schatten
Hier bekommen wir das wenigste Licht. Die Pflanzen sollten das gesamte Jahr über im Fenster stehen. Such dir robuste Pflanzen mit dunkelgrünen Blättern und solche, die weniger Licht brauchen. Im Winterhalbjahr lässt sich das wenige natürliche Licht mit (möglichst energiesparenden) Pflanzenlampen etwas verstärken.

*Sukkulenten lieben*
*die Sonne und stehen*
*am liebsten in einem*
*Südfenster.*

*Farne wachsen in*
*der Natur auf Wald-*
*böden und mögen*
*das indirekte Licht*
*eines Nordfensters.*
*Es tut ihnen gut, für die*
*drei Totenmonate in ein*
*Ostfenster umzusiedeln.*

*Nicht nur wir Menschen genießen den Sommer sehr, sondern auch unsere Pflanzen. In dieser Zeit mit ihren langen und hellen Tagen wachsen sie besonders gut.*

In welche Himmelsrichtung gehen deine Fenster? Hier meine Vorschläge für ein paar Pflanzen, die in deinem Zuhause gedeihen könnten:

**Direkte Sonne:** Sonnenanbeter
Pflanzen wie die Aloe Vera, die Yucca/Palmlilie (Yucca elephantipes) oder Kakteen lieben Sonne. Sie mögen bis zu sechs Stunden täglich direktes Sonnenlicht, d.h., sie würden den sonnenreichsten Platz in deinem Zuhause lieben.

**Indirekte Sonne:** Sonnenschirmliebhaber
Die meisten Pflanzen lieben Halbschatten, z.B. das Fensterblatt/ Monstera und auch Farne. Sie haben sich dem Leben auf dem Waldboden und im Schatten großer Bäume angepasst, und bei dir zu Hause leben sie gern in einer Umgebung, die ihrer ursprünglichen in der Natur so nahe wie nur irgend möglich kommt. Sie stehen gern etwas von der Sonne geschützt, am liebsten teilweise in der Sonne, in der Nähe großer Fenster oder halb hinter eine Gardine gerückt.

**Schatten:** Kellerratten
Einige wenige Pflanze brauchen so wenig Licht, dass sie in dunklen Ecken mit wenig Lichtzufuhr leben und überleben können. Die Glücksfeder/Zamie *(Zamioculcas zamiifolia)* und die Sansevieria/der Bogenhanf *(Sansevieria trifasciata)* vertragen sowohl viel als auch wenig Licht. Was sie aber gar nicht gut vertragen, ist zu viel Wasser, denn da faulen ihre Wurzeln. Lass deshalb die Pflanzenerde bis zum nächsten Gießen staubtrocken werden. Je weniger Licht die Pflanze bekommt, desto weniger Wasser und Nahrung braucht sie.

*Tipp*

*Stell dir vor, wie deine Pflanzen in ihrem natürlichen Milieu leben würden: Wüstenpflanzen lieben Trockenheit, Wärme und viel Sonne. Tropische Pflanzen wollen Feuchtigkeit, Wärme, gern auch etwas feuchte Kälte, eine hohe Luftfeuchtigkeit und Halbschatten.*

## PFLANZENLAMPEN –
## DAS GANZE JAHR ÜBER FRISCHE GRÜNPFLANZEN

Im Winter kann ich schon ab und zu etwas deprimiert sein. Ich habe dann weniger Energie und werde schneller müde. Weniger Licht beeinflusst unser Wohlbefinden, und das Gleiche gilt für eine Pflanze. Die Blätter werden empfindlicher und heller, und die Pflanze lässt sozusagen den Kopf hängen. Glücklicherweise gibt es einfache Hilfsmittel, die deinen Pflanzen über die Winterdepression hinweghelfen: Pflanzenlampen.

Schummelt man, wenn man Pflanzenlampen benutzt? Nein, denn man schummelt ja auch nicht, wenn man seine Wäsche statt mit der Hand mit der Waschmaschine wäscht. Die Technologie *existiert*, und sie ermöglicht es dir, die Wachstumsverhältnisse deiner Pflanzen optimal zu gestalten. Die neuen LED-Leuchten sind außerdem viel umweltfreundlicher und energiesparender als die alten Glühbirnen. Wenn du magst, verwende künstliches Pflanzenlicht, um die ganze Wintersaison über deine eigenen Nahrungsmittel – wie frische Kräuter – zu ziehen. Selbst gezogene Kräuter schmecken doch immer am besten!

Möchtest du also das Wachstum deiner Pflanzen optimal fördern, dann gib ihnen im Winterhalbjahr durch künstliches Pflanzenlicht einen echten Kick. Ob das schwierig ist? Nein, ist es nicht! In Läden für Pflanzenzubehör und im Eisenwarenhandel gibt es eine ganze Reihe von Pflanzenleuchten und Leuchtstoffröhren, die auch nicht besonders teuer sind.

Die Leuchten lassen sich in normale Lampenfassungen schrauben und die Lampen dann in die Nähe deiner Pflanzen stellen. Ich platziere die jeweilige Lichtquelle in der Regel einen halben Meter entfernt von der Pflanze, abhängig von der Art der Pflanze. Sonnenhungrige Pflanzen stehen gern näher am Licht, Schatten liebende Pflanzen stehen lieber etwas weiter weg. Es empfiehlt sich, die Pflanze ab und zu ein bisschen zu drehen. Optimalerweise brauchen Pflanzen auch die nächtliche Dunkelheit, deshalb empfiehlt es sich, die Pflanzenlampe nachts auszuschalten.

*Mit Pflanzenlampen verbesserst du im Winter die Wachstumsbedingungen.*

## Tipp

*Schalte die Pflanzenlampe morgens, wenn du aus dem Haus gehst, an und abends, bevor du wieder ins Bett gehst, wieder aus. Besonders einfach machst du es dir, wenn du dir noch eine Zeitschaltuhr zulegst, die das Licht automatisch an- und ausschaltet. In Läden, die Pflanzenlampen verkaufen, bekommst du meist auch solche Lichtschaltuhren. Am besten sind täglich 16 Stunden Beleuchtung. Ich selbst verwende meine Pflanzenlampen von Oktober bis März und habe damit gute Erfahrungen gesammelt.*

*Spiegel verbessern die Lichtverhältnisse und schaffen größeren Spielraum für die Gestaltung der Innenräume mit Pflanzen.*

## SPIEGEL FÜR MEHR LICHT

Um meine Pflanzen mit noch mehr Licht zu versorgen, nehme ich Spiegel. Die Spiegel sorgen dafür, dass das Tageslicht auch auf die Rückseite der Pflanzen trifft, was ihnen sehr gut tut. Auf diese Weise kann eine Pflanze auch in einem Zimmer mit weniger Licht stehen.

Besser weniger gießen als zu viel.

# Gießen

Viele, denen ich begegne, meinen, das Pflanzengießen sei problematisch. Oft seufzen sie, wenn sie davon reden, als ob sie schon viele Pflanzenleben auf dem Gewissen hätten. Das Gießen ist nicht ohne, ist aber auch wieder nicht so kompliziert, wie man meint. Ich denke mal, du kriegst das hin – mit ein paar Faust- oder, besser gesagt, *Finger*regeln. Denn dein *Finger* kann deine Pflanzen retten!

**Muss ich schon wieder gießen? Hier zwei Tricks:**

1. Der Finger-Trick:
   Stecke deinen Zeigefinger ein paar Zentimeter tief in die Erde. Ist der Finger trocken, wenn du ihn wieder herausziehst, und fällt die Erde leicht ab, dann solltest du wieder gießen. Ist der Finger „feucht" und klebt Erde daran, wenn du ihn wieder rausziehst, dann enthält die Erde noch genug Wasser, und du brauchst erst in ca. einer Woche wieder zu gießen.

2. Bist du immer noch unsicher, dann heb den Topf an! Erscheint er dir leicht, dann ist wenig Wasser in der Erde, und du solltest gießen. Fühlt er sich schwer an, dann enthält die Erde noch viel Feuchtigkeit, und du kannst, abhängig von der Art der Pflanze, noch ein paar Tage oder sogar noch Wochen mit dem Gießen warten.

## Wissenswertes

- Je dicker die Blätter, desto seltener solltest du gießen.
- Die meisten Pflanzen möchten, dass ihre Blumenerde bis zum nächsten Gießen trocken wird.
- Verwende zum Gießen Wasser in Zimmertemperatur.
- Gieße wenig im Winterhalbjahr, doppelt oder dreimal so viel im Sommerhalbjahr.
- Es ist besser, zu wenig als zu viel zu gießen. Zu vieles Gießen, in Kombination mit wenig Licht, ist die Todesursache Nr. 1 von Pflanzen. Unglücklicherweise geschieht das meistens im Winterhalbjahr.

## WIE VIEL WASSER BRAUCHT MEINE PFLANZE?

Je dicker die Blätter, desto seltener muss man gießen. Warum das so ist? Pflanzen mit dicken Blättern, wie z. B. Sukkulenten, lagern Wasser in ihren Blättern, weil sie in ihrer natürlichen Umgebung an längere Trockenperioden gewöhnt sind.

Zartes Blattwerk verlangt nach dem Gegenteil, also nach häufigem Gießen und mehr Pflege, und bietet größere Herausforderungen, was das Wohl der Pflanze betrifft.

Besorg dir Töpfe mit einem Loch im Boden, am besten mit einer dünnen Schicht Drainagekugeln oder Kieselsteinen zuunterst, damit das überschüssige Wasser ablaufen kann. Die meisten Pflanzen verdursten nämlich nicht, sondern ertrinken. Bleiben die Pflanzenwurzeln von Wasser durchtränkt, faulen sie, und die Pflanze stirbt. Das nennt man Wurzelfäule.

Besorg dir einen Hydrotopf, dann musst du dir keine Sorgen machen, ob deine Pflanze zu viel oder zu wenig Wasser bekommt.

Gieße so, dass die gesamte Erde durchfeuchtet wird. Danach musst du Geduld haben und warten, bis sie wieder ausgetrocknet ist.

**Aufgepasst!** *Erkundige dich immer danach, wie viel Wasser deine Pflanze braucht, denn das ist von Pflanze zu Pflanze sehr unterschiedlich. Googele doch mal!*

### Warum hängt meine Pflanze, wenn die Erde trocken ist?
Wasser wird durch die Wurzeln nach oben in die Pflanze befördert. Wenn die Erde trocken ist, bekommt die Pflanze nicht genug Wasser, um den Wasserverlust durch das Verdampfen auf den Blättern auszugleichen. Das Ergebnis: Deine Pflanze sieht schlapp aus. Das ist ein Zeichen, dass sie wieder Wasser braucht.

## GIESSMENGEN IN VERSCHIEDENEN JAHRESZEITEN

**Frühling** (Februar–April)
Die zunehmende Menge an Licht führt dazu, dass die Pflanze langsam mehr Wasser benötigt (ein- bis zweimal die Woche).
**Sommer** (Mai–August)
Viel Sonnenlicht heißt, die Pflanze braucht mehr Wasser (ein- bis dreimal die Woche).
**Herbst** (September–Oktober)
Immer weniger Licht bedeutet, dass der Pflanze nach und nach weniger Wasser genügt (ein- bis viermal im Monat).
**Winter** (November–Januar)
Wenig Licht bedeutet noch weniger Gießen (ein- bis viermal im Monat).

*Ist die Erde trocken, fühlt sich der Topf leicht an, und sieht die Pflanze schlapp aus, dann hat sie nicht mehr genug Wasser.*

Einige Pflanzen geben uns ein Zeichen, wenn sie Wasser brauchen, etwa wie diese Ufopflanze, die nun gegossen werden will.

Bananenpflanze

## Tipp

Nimm dir einen mit lauwarmem Wasser benetzten, weichen Lappen und wisch die Blätter ein paar Mal im Jahr damit ab. Das ist noch effektiver als Sprühen. Optimal wäre es, beides zu tun: zuerst sprayen und dann das Blattwerk vorsichtig mit einem Lappen trocken reiben.

## WÜSTENPFLANZEN GIESSEN

Kakteen und Sukkulenten lieben Trockenheit, d. h., sie wollen selten gegossen werden. Wenn du schon mal gießt, dann gieße großzügig, warte aber mit dem nächsten Gießen, bis die Erde vollständig ausgetrocknet ist. Das kann mitunter ein paar Wochen oder sogar ein paar Monate dauern. Wüstenpflanzen brauchen im Winter nur ein kleines bisschen Wasser und im Sommer etwas mehr.

Einige Sukkulenten zeigen, wenn sie Wasser brauchen: Entweder kräuseln sich die Blätter und schrumpeln ein, oder sie hängen durch. Bleib cool und warte mit dem Gießen am besten, bis die Sukkulenten dir deutlich zeigen, dass sie nun Wasser brauchen.

## TROPISCHE PFLANZEN GIESSEN

Tropische Pflanzen, die Feuchtigkeit lieben, wie z. B. die Korbmarante, die Bananenpflanze (Musa), die Paradiesvogelblume *(Strelitzia nicolai)* und Farne, muss man hingegen ein paar Mal die Woche gießen – besonders in ihrer sommerlichen Wachstumsphase. Trocknen sie vollständig aus, dann gehen sie schnell ein.

Tropische Topfpflanzen genießen Wärme und Feuchtigkeit. Bist du in der glücklichen Lage, ein Bad mit Fenster und Fußbodenheizung zu besitzen, dann sind das die optimalen Lebensbedingungen für sie. Regelmäßige Feuchtigkeit und Wasserdampf von der Dusche, das Licht, das durch das Badezimmerfenster fällt, und die Wärme des Fußbodens bereiten solchen Pflanzen Wohlbehagen.

## SOLLTE ICH MEINE PFLANZEN MIT WASSER ABSPRÜHEN?

Ja, aber die Wirkung ist umstritten. Einige schwören darauf, sie täglich abzusprühen, andere wiederum meinen, das mache keinerlei Unterschied. Ich sprühe gern etwas sporadisch, um damit den Schmutz und Staub vom Blattwerk zu entfernen.

**Wenn du die Pflanzen mit Wasser besprühst oder Staub von den Blättern spülst,**
- atmen die Blätter besser,
- absorbieren die Blätter mehr Licht, was sie besser wachsen lässt,
- wird die Zimmerluft verbessert,
- können Schädlinge wie Spinnmilben, die große, trockene Blätter mögen, besser bekämpft werden.

Mein Hauptargument dafür, dass ich mit der Sprayflasche in der Wohnung herumwandere, ist, dass ich gleichzeitig meine Pflanzen inspizieren kann. Und dann denke ich auch, dass Pflanzen, die ich ein bisschen verwöhne, mich mögen und mich später vielleicht ein wenig belohnen werden. Staub und Schmutz verschwinden, wenn du deine Pflanzen einmal im Monat absprühst bzw. abduschst. Einige Leute verwenden auch einen Luftbefeuchter, besonders dann, wenn sie viele tropische Pflanzen haben, die eine hohe Luftfeuchtigkeit brauchen.

# Tipp

*Blumenerde kann hart sein und von Wurzeln durchzogen werden. So kann sie kein Wasser mehr aufnehmen, es läuft einfach durch. Lockere die Erde deshalb ein- bis zweimal im Jahr mit einem Kugelschreiber oder einem Stöckchen auf, damit die Erde ein paar „Wasserkanäle" und Belüftungsmöglichkeiten bekommt.*

## IN DER URLAUBSZEIT GIESSEN

Viele fragen mich, was ich mache, wenn ich wegfahre. Wer kümmert sich dann um meine Pflanzen? Hier sechs einfache Tipps, damit deine Pflanzen deinen Urlaub überleben:

**Bitte einen Freund um Hilfe:** Am einfachsten ist es, einen Pflanzenfreund zu bitten, nach deinen Pflanzen zu schauen. Erfahrungsgemäß kümmern sich Leute gern um die Pflanzen ihrer Freunde, und wenn du lange wegfährst, hast du auch die Möglichkeit, deine Pflanzen auch eine Zeit lang zu Pflegeeltern zu geben. Oder du machst es so wie ich und suchst dir einen Homesitter, der bei dir wohnt und auf deine Pflanzen aufpasst, während du im Urlaub bist.

**Lichtschutz:** Rücke die Pflanzen von lichtdurchfluteten Fenstern weg und in den Schatten oder Halbschatten. So brauchen sie weniger Wasser.

**Nasses Zeitungspapier:** Lege Zeitungspapier ins Spülbecken oder auf ein Backblech, gieße reichlich Wasser darüber und lass das Papier viel Wasser aufsaugen, bevor du deine Pflanzen draufstellst. Jetzt saugen sie selbst so viel Wasser auf, wie sie wollen.

**Der Flaschentrick:** Füll eine große Flasche mit Wasser, dreh sie um und steck den Hals fest in die Blumenerde. Auf die Weise trinkt die Pflanze so viel, wie sie will.

**Der Eimertrick:** Füll einen Eimer mit Wasser und stell ihn etwas höher auf als deine Pflanzentöpfe. Ziehe dicke Bindfäden vom Eimer zu den Töpfen und steck sie dort gut mit einem Stift oder Stöckchen in die Erde, leg Erde um die Enden, und schon hast du dir dein eigenes Bewässerungssystem gebastelt!

**Hydrotöpfe:** Genial, wenn man in den Urlaub fährt, denn sie sorgen dafür, dass deine Pflanzen genau die Menge an Wasser bekommen, die sie brauchen.

*Der Flaschentrick*

*Geigenfeige*

# Düngen

Um wachsen und leben zu können, brauchen Pflanzen Nahrung, die sie sich aus der Erde holen. Mit der Zeit wird diese Erde ausgelaugt, weil die Pflanze sich nach und nach alles herausholt, was sie braucht. Auch durch das Gießen werden allmählich Nährstoffe herausgespült, und deshalb musst du neue zuführen.

Viele denken, das Düngen von Pflanzen wäre etwas kompliziert. Dem ist nicht so. Ja, du *kannst* es sicher verkomplizieren, aber auch vereinfachen. Ich bevorzuge Letzteres. Zimmerpflanzen dünge ich von März bis September. Von Oktober bis Februar dünge ich überhaupt nicht.

Pflanzendünger, sogenannte Pflanzennahrung, gibt es in vielen verschiedenen Varianten: als organischen Flüssigdünger, flüssigen Kunstdünger, Düngekugeln, Düngerstäbchen, Kompost usw.

Ich selbst schwöre auf organischen Flüssigdünger, den ich mit Wasser vermenge und der meinen Pflanzen guttut. Ich bevorzuge organischen Dünger statt Kunstdünger, weil er natürlicher, umweltfreundlich und nachhaltig ist.

Hört sich Düngen kompliziert an? Möchtest du dir das so einfach wie nur irgend möglich machen? Dann empfiehlt es sich, dass du dir kleine Düngekügelchen besorgst, die du ein paarmal im Jahr auf die Blumenerde streust, oder Düngestäbchen, die du – auch ein paarmal im Jahr – in die Erde steckst. Beide versorgen deine Pflanzen langsam und gleichmäßig mit Nahrung.

*Als Kind hatten wir frei laufende Hühner in unserem Garten, der dadurch optimale Nährstoffe erhielt. Durch die gleichmäßige Zufuhr von Hühnermist bekommt alles Grüne massenhaft Supernahrung. Wegen des Geruchs nimmt man normalerweise keinen Hühnermist für Zimmerpflanzen, aber du kannst ja unter verschiedenen Spezialdüngeprodukten frei wählen.*

*Ich mag am liebsten organischen Dünger.*

*Für die einfachste Art der Düngung kaufe dir Dünge-kugeln, die du ein paarmal im Jahr auf die Blumen-erde streust. Sie reichen oft für drei bis sechs Monate.*

# Pflanzennahrung aus der eigenen Küche

*Eierschalen lassen sich zerkleinert in die Blumenerde mischen.
Dadurch bekommen die Pflanzen einen Kalzium-Boost.
Bananenschalen können klein geschnitten, getrocknet und in die Pflanzenerde
gemischt werden, der sie dadurch viele nützliche Mineralien zuführen.
Wer mit abgekühltem Kochwasser von Gemüse oder Eiern Pflanzen gießt,
schenkt ihnen dadurch die noch im Wasser enthaltenen Nährstoffe.*

## DÜNGEN IM LAUFE DES JAHRES

Grundsätzlich dünge ich meine Pflanzen in der Wachstumsphase (Mai–August) einmal wöchentlich und in der Ruhephase (Oktober–März) überhaupt nicht, da die Pflanzen dann nicht so viele Nährstoffe brauchen.

**Winter:** Zwar brauchst du in dieser Periode keine Pflanzennahrung zuzuführen, aber es lohnt sich zu überlegen, ob du den Pflanzen – um der Pflege willen – vielleicht ein-, zweimal ein wenig Dünger geben möchtest. Wenn, dann dünge sparsam und verdünne den Dünger etwas.

**Frühling:** Die beste Zeit, um zu düngen, ist im Frühling. Schon im März, wenn die Tage wieder länger werden, ist es sinnvoll, vorsichtig damit zu beginnen. Im April darf es dann etwas mehr werden und im Mai wieder etwas mehr.

**Sommer:** Jetzt sind die Pflanzen in einem Topzustand. Sie genießen den Sommer und brauchen – wegen des Lichts und der Wärme – die meiste Nahrung, damit sie größer und stärker werden und gesund bleiben. Von Juni bis August kannst du mehr düngen, aber bitte nicht mehr, als auf der Packung angewiesen!

**Herbst:** Die Pflanzen bereiten sich auf den Winter vor, deshalb düngen wir von August bis Oktober immer seltener.

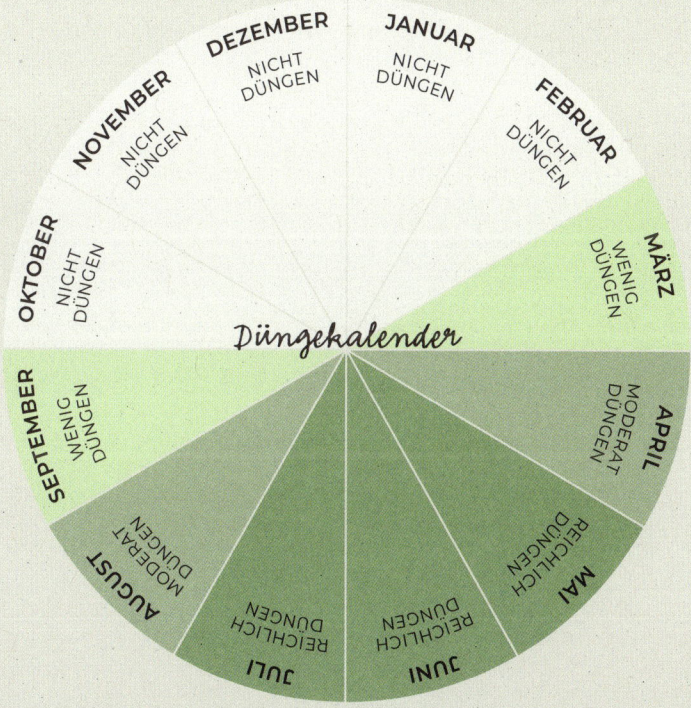

# Pflanzenpflege
## in den dunklen Wintermonaten

Ich muss zugeben: In nordischen Ländern mit ihren langen, dunklen Wintern Zimmerpflanzen zu halten, ist schon eine Herausforderung. Unser Hauptproblem ist mangelndes natürliches Licht. An den schlimmsten Tagen ist es sogar 18–19 Stunden dunkel, und je weiter nördlich man lebt, desto weniger Licht bekommt man.

Es ist ein furchtbares Gefühl, wenn man sieht, wie die schöne Grünpflanze, die einen im Sommer so beglückte, schlapp wird und im Laufe des Herbstes gelbe Blätter bekommt, bis sie sterbenskrank aussieht. „Das ist ja wieder mal typisch", denkst du dann. „Ich kriege auch nie was auf die Reihe!"

Wir alle haben schon das eine oder andere Pflanzenleben auf dem Gewissen, aber bitte gib nicht auf! Versuch es einfach noch einmal! Ich mache das auch immer – und mit der Zeit habe ich auch ein paar nützliche Tricks gefunden, und jetzt kille ich schon weniger und weniger Pflanzen. Viel dreht sich eben um Lichtzufuhr. Knackst du den Licht- und Wassercode, dann haben deine Pflanzen eine echte Chance! Meine Hauptregel: Je mehr Licht deiner Pflanze zur Verfügung steht, desto mehr Wasser braucht sie. Gleichzeitig darf man aber auch nicht vergessen, dass jede Pflanze anders ist und deshalb auch unterschiedliche Bedürfnisse hat.

Denkst du, dass das, was du auf meinen Instagram-Fotos siehst, immer alles leicht und einfach wäre? Glaub mir, ich habe schon *viele* Pflanzen direkt ins Jenseits befördert. Vor allem Wüstenpflanzen sind mir abgesoffen, weil ich sie in der Winterzeit – übereifrig, wie ich nun mal war – mit Wasser und Dünger überschüttet hatte. Auch wenn ich die besten Absichten hatte, sahen die Pflanzen plötzlich gelb aus und haben dann alle ihre Blätter verloren. Ich habe mich schon über viele Pflanzen geärgert, aber auch die Freude gespürt, wenn eine Pflanze sich plötzlich wieder aufrappelte und weiterleben wollte.

## TROCKENE ZIMMERLUFT IST EIN KILLER

Die trockene Zimmerluft killt viele Pflanzen. In vielen Neubauten zirkuliert die Luft so begrenzt, dass das keine guten Lebensbedingungen für die Pflanzen bietet. Elektrische Heizungen sind auch eine Bedrohung. Wenn du wirklich gute Wachstumsbedingungen für deine Pflanzen schaffen willst, dann empfiehlt sich ein Luftbefeuchter, den du einsetzt; auch solltest du die Pflanzen von den Heizkörpern wegrücken. Luftbefeuchter gibt es in unterschiedlichen Größen. Sie schaffen einen tropischen Effekt, der deiner grünen Oase reinste Wunder bescheren kann.

# Winterpflege

*Pflanzen sind – genau wie wir Menschen – im Winter müde und weniger vital.*
*Wie gelingt es dir, sie während der drei „Todesmonate" November, Dezember*
*und Januar am besten zu schützen?*

**Einfache Tipps für den Winter:**
- Stell die Pflanze nahe ans Fenster, sodass sie maximales Tageslicht abbekommt.
- Gieß weniger! Die Pflanzen befinden sich in ihrer Ruhephase und trinken viel weniger, weil sie auch viel weniger Licht bekommen.
- Dünge gar nicht mehr oder nur minimal.
- Dreh die Pflanze einmal die Woche, sodass sich die Lichtmenge über das gesamte Blattwerk ergießt.
- Vermeide die Nähe zu elektrischen Heizungen und halte die Pflanzen weg von Wärmequellen.

**Tipps für Fortgeschrittene:**
- Verwende darüber hinaus gern auch noch künstliches Pflanzenlicht.
- Vermeide kalte Zugluft von offenen Fenstern. Pflanzen bekommen durch kalte Luft Stress und können verwelken.
- Wisch mit einem weichen Lappen den Staub von den Blättern. Der Staub behindert die Pflanze, Licht zu absorbieren.
- In der trockenen Winterluft führst du durch Duschen oder Sprayen mit Wasser den Blättern Feuchtigkeit zu.

## IST DIE PFLANZE TOT, WENN SIE NUN BLÄTTER VERLIERT?

Nein, nicht unbedingt. Aber wenn sie denn Blätter verliert, weil sie zu wenig Licht bekommt – in Kombination mit zu viel Wasser –, dann riskiert man Wurzelfäule. Das bedeutet, dass die Wurzeln im Wasser stehen bleiben, d.h. ertrinken, und dann fault die Pflanzenwurzel. Und was machst du dann?
- Stell die Pflanze so hell wie möglich, am besten in ein Fenster. Lass sie dann ganz trocken werden, bevor du wieder gießt.
- Entferne alle vertrockneten und gelben Blätter.
- Sollte die Pflanzenerde mit Wasser durchtränkt sein, dann empfiehlt es sich, sie ein paar Tage auf einen warmen Fußboden zu stellen – gern auf den Badezimmerboden –, damit die Erde etwas antrocknet.

Wenn du Glück hast, sprießen nach ein paar Wochen wieder frische, grüne Blätter. Das ist ein wirklich wunderbares Gefühl, eine Pflanze von den Toten wiederauferstehen zu sehen! Denk daran, dass einige Pflanzen in die Ruhephase übergehen. Die Feige, die Kiwi und der Tempelbaum (Ginkgo) beispielsweise verlieren normalerweise ihre Blätter. Hast du eine Pflanze, die ihre Blätter verliert, dann ist sie vielleicht gerade in ihrer Ruhephase – und wartet nur auf das Frühjahr.

Feige

Einige Pflanzen – wie diese Feige – leben zyklisch, d. h., sie haben Ruhephasen, in denen sie ihre Blätter verlieren, um dann im Frühjahr wieder neue, frische Triebe und Blätter auszubilden.

# Pflanzenpflege in den hellen, warmen Sommermonaten

Wir haben in Nordeuropa im Sommer angenehme Temperaturen und lange, helle Nächte. Perfekt für die meisten Pflanzen, die einige Bedürfnisse mit uns Menschen teilen, etwa die, mit Wasser versorgt zu sein und sich gegen die starke Sonne schützen zu wollen. Ohne Sonnenschutz bekommen die meisten Pflanzen Sonnenschäden.

Wir alle wissen, wie weh es tut, wenn die winterbleiche Haut der sehnsuchtsvoll erwarteten Frühlingssonne ausgesetzt wurde. Erleidet eine Pflanze Sonnenschäden, zeigt sich das meist erst nach einer Woche, wenn braune und gelbliche Flecken auf dem Blattwerk auftauchen. Verzweifle dann nicht, denn in der Regel wachsen auch noch neue Blätter nach. Das kann aber Wochen dauern.

Deine Pflanzen müssen sich erst allmählich an die Sonne gewöhnen. Möchtest du deine Pflanzen aus einer dunklen Ecke der Wohnung ins direkte Sonnenlicht im Fenster stellen – oder aus dem Wohnzimmer auf den Balkon –, musst du das schrittweise tun, also nach und nach, sodass die Blätter nicht verbrannt werden. Nimm dir für diesen Übergang gern ein paar Wochen Zeit. Bewölkte Tage sind besonders geeignet. Stell doch deine Pflanzen einmal circa zwei Wochen lang ganz in den Schatten (Halbschatten), danach zwei bis drei Stunden am Tag für zwei bis drei Wochen in die Sonne. Nach einem Monat vertragen sie dann die Sonne ganztägig.

Das gleiche Prinzip gilt für Innenräume: Stellst du Pflanzen aus einer dunkleren Ecke in ein sonnendurchflutetes Fenster, dann sollten sie zunächst einmal zwei Wochen nur im Halbschatten in der Nähe des Fensters stehen, bevor du sie dann aufs Fensterbrett stellst.

## Sommerpflege

- Stell deine Pflanzen neben das Fenster oder hinter eine Gardine, um Sonnenschäden zu vermeiden.
- Denk daran, die Pflanzen schrittweise ans Licht zu gewöhnen, wenn du sie in ein Fenster rückst oder sie auf den Balkon stellst.
- Je mehr Licht, Sonne und Wärme die Pflanze bekommt, desto mehr Wasser braucht sie auch.
- Wenn es regnet, kannst du deine Pflanze gern eine Stunde nach draußen stellen, damit der Staub abgespült wird.
- Deine Pflanze wächst im Sommer und braucht dafür Pflanzennahrung: Steigere deine Düngebeigaben.

*Da die Lichtmenge im Sommerhalbjahr größer ist als im Winter, können deine Pflanzen an Stellen stehen, wo sie im Winter ansonsten nicht stehen sollten, z. B. in einem Nordfenster oder tiefer im Raum.*

## Tipp

Bist du unsicher, ob es für deine Pflanzen auf dem Fensterbrett im Sommer vielleicht zu warm wird? Halte in der Mittagszeit eine Hand gegen das Fenster. Fühlt sich das für dich zu warm an, dann ist es auch für deine Pflanzen zu warm.

## Tipp

Schneide sonnengeschädigte Blätter ab. Sonnenschäden, wie braune Flecken auf den Blättern und braune Kanten, zeigen sich oft erst nach einer Woche. Nachdem du beschädigte Teile der Pflanze abgeschnitten hast, sprießen in der Regel nach ein paar Wochen wieder neue Triebe.

Vielen Pflanzen stehen im Sommer gern draußen, etwa wie diese tropische Paradiesvogelblume (Strelitzia nicolai).

## ZIMMERPFLANZEN NACH DRAUSSEN STELLEN

Hast du das Glück, einen Balkon oder Garten zu besitzen, dann solltest du deine Topfpflanzen im Sommerhalbjahr am besten nach draußen stellen.

**Vorteile:**
Pflanzen lieben Licht, und draußen bekommen sie viel mehr davon.
Deine Pflanzen wachsen schneller.
Dein Sommerplatz draußen wird grüner und üppiger.
Drinnen bekommst du mehr freie Wohnfläche.
Einige Pflanzen können blühen, weil es ihnen bei optimalen Lichtverhältnissen am besten geht.

**Nachteile:**
Der Übergang kann schwierig sein, denn du solltest auf Wind, Regen und Temperaturunterschiede Rücksicht nehmen. Pflanzen brauchen draußen – besonders, wenn es nicht regnet – mehr Wasser, müssen öfter gegossen und inspiziert werden.
Pflanzen brauchen draußen, wegen der besseren Wachstumsbedingungen, auch mehr Pflanzennahrung.

**Und so gehst du vor:**
1. Die Pflanze rausstellen, wenn die Temperaturen nachts nicht mehr unter 10 °C fallen.
2. Sie zwei Wochen im Schatten stehen lassen.
3. Ein bis zwei Wochen Zeit nehmen, um die Pflanze schrittweise an das Sonnenlicht (Halbschatten) zu gewöhnen. Bewölkte Tage sind perfekt, denn die volle Sonne kann die Blätter verbrennen.
4. Bekommen die Blätter Sonnenschäden – erkennbar an den braunen und gelben Flecken, die nach einer Woche auftauchen –, nicht verzweifeln! Die geschädigten Blätter einfach abschneiden, und die Pflanze wird nach einer Zeit höchstwahrscheinlich wieder neu Blätter austreiben.

## Nicht vergessen!

- Wie robust eine Pflanze ist, ist individuell verschieden. Erkundige dich, ob deine Pflanze nach draußen kann, bevor du sie rausstellst.
- Verwende keine Töpfe ohne Loch! Regenwasser lässt deine Pflanzen ertrinken, also pass auf, dass deine Töpfe Löcher haben, durch die das Wasser ablaufen kann.
- Je mehr Sonnenlicht die Pflanzen bekommen, desto mehr Wasser brauchen sie. In Phasen mit wenig Regen musst du mehr gießen.
- Wind trocknet die Erde schneller aus.
- Kakteen und Sukkulenten können in voller Sonne stehen. Regnet es viel, dann stell sie am besten unter ein Dach, damit sie nicht ertrinken und eingehen.
- Tropische Pflanzen stehen gern im Halbschatten und bekommen leicht Sonnenschäden, wenn sie in der prallen Sonne stehen.

# *Pflanzentöpfe*

## TÖPFE AUS ATMENDEN NATURMATERIALIEN

Die meisten Pflanzen mögen besonders Naturmaterialien, die sie atmen lassen, z. B. Terrakottatöpfe. Töpfe aus Naturmaterialien sind meist aus Ton: Tontöpfe lassen die Pflanzen atmen, und deren Wurzeln bekommen in ihnen mehr Luft, was den meisten Pflanzen gefällt. Sie sind auch porös, was bedeutet, dass Luft an die Erde kommt, die aber wiederum auch schneller austrocknet. Deshalb eignen sie sich besonders gut für Pflanzen, die Trockenheit gut aushalten können, etwa Sukkulenten und Kakteen.

Was bedeuten diese weißen Flecken und Ränder, die oft auf Tontöpfen auftauchen? Dieser Belag deutet auf Mineralsalze, die durch den Topf nach außen gelangen. Ich finde Tontöpfe mit unterschiedlichen Farben und Schattierungen dekorativ, denn ich mag diesen rustikalen Look.

## PLASTIKTÖPFE FÜR PFLANZEN, DIE FEUCHTE ERDE MÖGEN

Hast du eine Pflanze, die ständig feuchte Erde braucht, dann empfiehlt sich ein Kunststofftopf, denn der hält grundsätzlich die Feuchtigkeit. Sowohl Farne als auch Zypergras *(Cyperus)* mögen feuchte Standorte und eben Plastiktöpfe. Glasierte Töpfe sind ebenfalls nicht porös und bewahren deshalb ebenfalls die Feuchtigkeit.

## DIE TOPFGRÖSSE DER PFLANZE ANPASSEN

Je kleiner die Töpfe sind, die du benutzt, desto rascher trocknet die Erde darin aus. Also: Je größer der Topf, desto länger wird die Erde darin Feuchtigkeit halten. Wähle deshalb Töpfe entsprechend der Größe deiner Pflanze:

- Das Prinzip „Großer Topf mit kleiner Pflanze" kann dazu führen, dass du zu viel gießt: Die Wurzeln ertrinken und faulen.
- Das Prinzip „Große Pflanze und kleiner Topf" kann zum Austrocknen führen: Die Wurzeln bekommen zu wenig Wasser und Nährstoffe.

*Sowohl Zypergras (Cyperus) als auch Farne gedeihen in feuchter Erde und wachsen gut in Plastiktöpfen.*

# Pflanzenerde und Umtopfen – wann und wie?

Etwa einmal im Jahr – oder jedes zweite Jahr – solltest du deine Pflanzen umtopfen. Entweder pflanzt du sie in einen neuen und größeren Topf um, oder du erneuerst die Blumenerde im bisherigen Topf. Die beste Zeit zum Umtopfen ist von März bis Mai, wenn die winterliche Ruhephase zu Ende ist und die Wachstumsphase begonnen hat.

Ich selbst bin nicht besonders penibel und verschütte viel Erde, deshalb versuche ich, draußen umzutopfen – oder ich lege mir Müllsäcke als Unterlage zurecht, bevor ich loslege.

Du brauchst Folgendes:
- einen neuen Topf
- Blumenerde
- Drainagekugeln oder kleine Steine

Und so wird's gemacht:
1. Die Pflanze noch einmal gründlich wässern.
2. Die Pflanze vorsichtig aus ihrem Topf ziehen. Dabei darauf achten, dass der Wurzelballen dranbleibt.
3. Vorsichtig die verbrauchte Erde entfernen, die den Wurzelballen umgibt.
4. Drainagekugeln oder kleine Steine auf den Boden des neuen Topfes legen und diese dann mit etwas Blumenerde bedecken.
5. Die Pflanze in den neuen Topf stellen.
6. Die Pflanze mit Erde umgeben und den Topf damit auffüllen.
7. Die Erde rund um die Pflanze vorsichtig etwas festdrücken, sodass auch deren oberste Wurzelenden mit Erde bedeckt sind.
8. Noch einmal gründlich nachgießen.
9. Voilà! Fertig!

Nimm immer frische und nährstoffreiche Blumenerde. Denn frische Erde enthält alle Nahrung, die die Pflanze für einen guten Neustart benötigt. Erde, die schon einmal verwendet wurde, enthält hingegen wenig Nährstoffe und kann auch Schädlinge und Krankheitserreger enthalten. Wenn du nach ein paar Wochen oder Monaten siehst, dass die Pflanze wächst, dann dünge sie ein wenig.

## Tipp

Das Beste ist, wenn du neu gekaufte Pflanzen sofort umtopfst. Dadurch bekommen sie einen ordentlichen Neustart. Die meisten Pflanzen werden in Gewächshäusern gezüchtet, um im Laden dann so attraktiv wie nur irgend möglich auszusehen, d.h., in der Regel sind sie dann schon zu groß für die Töpfe. Wenn du umtopfst, dann nimm am besten einen neuen Topf, der im Umfang ein paar Zentimeter größer ist. Hat die Pflanze einen kräftigen Wurzelballen, und du möchtest den ursprünglichen Topf behalten und nur frische Erde einfüllen, dann ist es zweckmäßig, beim Umtopfen einige der größten Wurzeln einfach abzuschneiden.

# Pflanzenschutz – so bekommst du schöne Pflanzen

Wie weißt du, dass es einer Pflanze gut geht? Beobachte ihre Blätter, denn deren Zustand sagt viel über die Gesundheit aus. Gesunde Pflanzen haben starke, grüne Blätter. Aber was, wenn die Blätter nicht mehr so gesund aussehen? Es gibt keine allgemeingültige Antwort, der Grund ist oft komplex. Zu viel Wasser, zu viel Nährstoffe oder zu viel Licht? Oder zu wenig Wasser, zu wenig Nährstoffe, zu wenig Licht? Hier Tipps, basierend auf meinen Erfahrungen:

**Die Blätter schrumpeln ein und rollen sich:** *zu wenig Wasser.*
Schrumpeln die Blätter ein, hängt die Pflanze durch und sieht faltig aus, dann deutet es darauf hin, dass die Zellen wieder mit Wasser gefüllt werden müssen. Dann empfiehlt es sich, sie zu wässern – gieße die Pflanze tüchtig oder stell den Topf ein paar Stunden in ein mit Wasser gefülltes Waschbecken oder einen Eimer.

Nach ein paar Stunden wirst du sehen, wie sich die Pflanze wieder aufrichtet, weil sich die Pflanzenzellen im Blattwerk und in den Stängeln wieder mit Wasser füllen.

**Die Blätter bekommen braune Flecken:** *Sonnenschäden, zu trockene Zimmerluft, Nährstoffmangel, Wassermangel, Schädlinge.*
Schneide die beschädigten und braunen Blätter ab. Nach ein paar Wochen sprießen normalerweise wieder neue Blätter. Ist es gerade Winter, dann besprühe die Pflanze mit Wasser und reibe die Blätter mit einem weichen Lappen trocken. So entfernst du Staub und führst dem Blattwerk Feuchtigkeit zu. Zu trockene Zimmerluft ist häufig der Grund dafür, dass das Blattwerk zu trocken wird und braune Flecken entstehen. Eventuell gelingt es dir, die Pflanze auch vorsichtig mit lauwarmem Wasser abzuduschen.

**Die Blätter werden hellgrün und fahl:** *Nährstoffmangel.*
Verliert die Pflanze ihre dunkelgrüne Farbe, dann braucht sie vermutlich mehr Pflanzennahrung. Vielleicht ist nicht mehr viel davon in der Blumenerde übrig, man kann also mehr düngen – oder die Pflanze umtopfen. Die allermeisten Pflanzen brauchen außerdem reichlich Licht. Stell die Pflanze an einen helleren Platz, z. B. aufs Fensterbrett. Hatte die Pflanze bis dahin ungünstige Lichtverhältnisse und du hast ihr bereits viel Pflanzennahrung gegeben, dann hör auf zu düngen oder reduziere die Düngermenge.

**Die Blätter werden gelb:** *Wurzelfäule durch zu viel Wasser, zu wenig Licht, zu viel Pflanzennahrung, Schädlinge.*
Gelbe Blätter sind das sicherste Anzeichen dafür, dass es der Pflanze schlecht geht. Die häufigste Ursache für gelbe Blätter ist zu häufiges Gießen – was zur Wurzelfäule führt. Ist die Erde durchnässt, reduziere die Wassermenge, lass die Erde gut trocken werden und schneide die gelben Blätter ab.

**Die Blätter bekommen kleine schwarze Punkte, einen weißen Belag oder weiße Flecken:** *Schädlinge und Insekten* (zu Schädlingen und Krankheiten siehe S. 70 f.)

Fensterblatt/Monstera

# Insekten und andere Schädlinge

Insekten auf Zimmerpflanzen sind unheimlich – oder genauer gesagt: creepy. Ich hatte sie selbst schon im Hause, und sie machen mir Angst. Glücklicherweise gibt es Hausmittel, um sie wieder loszuwerden. In meiner Recherche für dieses Buch zählte ich über hundert, doch einige sind besser dokumentiert als andere. An den Ratschlag, die Pflanze in die Mikrowelle zu stellen, um Pflanzenläuse loszuwerden, glaube ich nicht wirklich.

Denk daran, dass Insektizide nur dann notwendig sind, wenn die Pflanze stark befallen ist. Schau dir die Pflanze im Laden genau an, bevor du sie mit nach Hause nimmst: Kaufst du frische Pflanzen, die du sorgfältig pflegst, dann solltest du theoretisch sowohl Insektenbefall als auch Krankheiten vermeiden können.

Es gibt Unmassen unterschiedlicher Schädlinge. Im Folgenden möchte ich auf die unter Zimmerpflanzen am meisten verbreiteten eingehen – und dir ein paar effektive Methoden zeigen, um sie wieder loszuwerden.

## KLEINE FLIEGEN (TRAUERMÜCKEN)

Am wichtigsten ist, dass die Erde der Zimmerpflanzen nicht zu nass ist. Sind die Pflanzen erst einmal befallen, dann sollte die Blumenerde zunächst gut trocknen. Klebefallen bzw. Gelbtafeln können Abhilfe schaffen. Mein bester Tipp: Bananenfliegenfallen! Das ist eine einfache, umweltfreundliche und effektive Methode, um die oft im Sommer auftauchenden berüchtigten Trauermücken loszuwerden. Die Bananenfliegenfalle funktioniert jedoch auch bei Bananenfliegen – besonders in Wohnungen, in denen Bananen, anderes Obst oder Essensreste nicht im Schrank bzw. Kühlschrank gelagert werden.

## Die Bananenfliegenfalle

Du brauchst:

- ein Glas
- Wasser
- Essig
- 1 Tr. Spülmittel (optional)

So gelingt die Falle:

1. Ein Glas zur Hälfte mit Essig (ca. 100 ml) und zur Hälfte mit Wasser (ca. 100 ml) füllen. Einen Tropfen Spülmittel hinzufügen.
2. Das Glas in die Nähe des Topfes stellen, der deines Erachtens der Trauermückenherd ist. Je größer der Befall, desto mehr Gläser solltest du aufstellen. Die Trauermücken werden von der Mischung angezogen, setzen sich auf den Glasrand, fallen hinein und sinken dann auf den Boden des Glases.

Ich stelle mir im Sommer oft eine solche Mischung direkt hinter meine Pflanzentöpfe, die, sollten die Trauermücken denn auftauchen, diese regelmäßig beseitigt. Ist die Mischung verdampft, ersetze ich sie einfach durch eine neue.

## BLATTLÄUSE, MEHLTAU UND SPINNMILBEN

Bereite dir aus Speiseöl und Seife dein eigenes, umweltfreundliches Insektenmittel zu. Das Öl legt sich über die Läuse, Milben und ihre Eier und erstickt sie, die Seife trocknet sie aus.

Dafür 2 EL Pflanzenöl, 3 EL flüssige Schmierseife und 250 ml Wasser in einer Sprayflasche mischen. Am besten testest du die Mischung zuerst einmal an nur einem Blatt aus, um sicherzugehen, dass deine Pflanze das Mittel verträgt. Dann die gesamte Pflanze mit dieser Mischung besprühen. Hat die Pflanze einen starken Befall, dann nach ein bis zwei Wochen noch einmal besprühen.

## SCHMIERSEIFE GEGEN SCHÄDLINGE

Einige Leute schwören auf Schmierseife – und haben gute Erfahrungen damit gesammelt, ihre Pflanzen damit zu säubern. Wähle eine dieser beiden Methoden:

**Eimer-Methode:** Drehe die Pflanze mit der Spitze nach unten und tauche sie – nicht ihre Wurzeln – vorsichtig in einen Wassereimer mit darin aufgelöster Schmierseife. Spüle sie gleich danach – am besten in der Dusche – mit frischem, lauwarmem Wasser ab. Lediglich die Pflanze und deren Stängel, nicht die Blumenerde, sollten mit Schmierseifenlösung behandelt werden.

**Massage-Methode:** Reinige und massiere die Blätter und Stängel vorsichtig mit Schmierseifenlösung. Denk auch an die Blattunterseiten bis hin zu den Stängeln.

## HILFT FRISCHES, LAUWARMES WASSER GEGEN SCHÄDLINGE?

Ja, es lohnt sich, diese simple Methode einmal auszuprobieren. Ich selbst habe gute Erfahrungen damit gesammelt, die Pflanzen unter der Dusche oder im Abwaschbecken mit frischem, lauwarmem Wasser zu reinigen. Macht man das gründlich – sowohl auf den Blattober- als auch Blattunterseiten und denkt auch an die Stecklinge –, dann reicht das oft schon aus, um das Ungeziefer zu vertreiben. Nach meiner Erfahrung lassen sich Insekten, Spinnengewebe usw. ganz gut durch Massieren mit den Fingern entfernen.

## SCHÄDLINGSGIFT ODER DIE HOFFNUNG STIRBT ZULETZT

Ein paarmal, wenn auch selten, musste ich schon chemische Schädlingsmittel einsetzen. Das sollte man am besten vermeiden. Aber wenn du eine Pflanze hast, die vielleicht besonders wertvoll und groß ist und dir wirklich viel bedeutet, dann kannst du ein Insektizid einsetzen. Ich habe schon mal ein chemisches Mittel gegen Läuse eingesetzt, als mein zwei Meter hoher Orangenbaum befallen war – und es funktionierte. Ich versuche aber, den Einsatz solcher Mittel auf Situationen zu begrenzen, in denen mein gesamter Pflanzenbestand bedroht ist.

Lassen sich Woll- oder Schmierläuse bei dir nieder, lohnt es sich zu versuchen, sie mit in Brennspiritus getauchten Wattestäbchen zu beseitigen. Leider wird man diese berüchtigten Läuse nur schwer wieder los. Deshalb musst du überlegen, ob du die Pflanze nicht gleich entsorgst, damit die Läuse nicht noch andere deiner Pflanzen befallen. Nächstes Mal hast du mehr Glück!

# Stylen und Einrichten mit Grünpflanzen

Der nordeuropäische Interieurstil ist so minimalistisch, luftig, hell und von einfachen Linien geprägt, dass die Räume mit ein paar Pflanzen aufgelockert werden sollten. Grüne Elemente in einer ansonsten strengen Ausdrucksform schaffen Tiefe und Kontraste. In Interieurzeitschriften finden sich Reportagen über üppig grüne Wohnungen und Häuser, in die du am liebsten gleich eintreten und dich zu Hause fühlen möchtest. Pflanzen sind zu einem natürlichen Bestandteil des Interieurs geworden – genauso wie Kissen, Textilien und Gardinen. Das sieht man auch in Annoncen für Miet- und Eigentumsobjekte.

*Mein Mantra: Weniger Möbel und mehr Grünpflanzen!*

## DEINE EIGENE GRÜNE OASE

Jedes Mal, wenn ich eine üppig grüne Wohnung betrete, denke ich: Der, der hier wohnt, ist fürsorglich – sowohl Menschen als auch anderen lebendigen Wesen gegenüber. Pflanzen können jedem Heim Persönlichkeit und Vitalität verleihen, wenn man sie bewusst platziert. Je mehr Pflanzen man hat, desto größer die Gefahr, einen unordentlichen Eindruck zu kreieren.

## DAS DREIGESTIRN

Alle guten Dinge sind drei! Das gilt auch, wenn man Pflanzen gruppiert. Um der Harmonie und Struktur willen stell gern jeweils drei Pflanzen zusammen. Stell eine größere Pflanze nach hinten, eine mittelgroße daneben und eine kleinere nach vorn, sodass sich ein Dreieck ergibt, ähnlich dem Anfang von Tic-Tac-Toe. Die Gruppe kann sich auch gern aus mehr als drei Pflanzen zusammensetzen, aber – aufgemerkt! – eine ungerade Anzahl an Pflanzen funktioniert in der Regel in solchen Kombinationen besser als eine gerade. Darüber hinaus probiere doch mal, mit einer Kombination von unterschiedlichen Farben und Texturen von Blattwerk zu experimentieren, um einen lebendigen Ausdruck zu schaffen.

## PFLANZEN AUF DEM TISCH – EINE NACHHALTIGE ALTERNATIVE

Ich stelle gern niedrig wachsende Pflanzen auf einem Tablett oder großen Teller zusammen und dann auf den Wohnzimmer- oder Esstisch. Auch wenn ich riskiere, den Rosenliebhabern die Romantik zu nehmen, finde ich, dass Grünpflanzen die nachhaltigere Alternative zu immer wieder neuen Schnittblumen sind. Sowohl Kakteen als auch Sukkulenten – am liebsten als Gruppe – können auf dem Tisch einen schönen Blickfang bilden. Und wenn du dir ein einfaches Terrarium zulegst – also Pflanzen in einem Glasbehälter – , wird dieses einen skulpturalen, ästhetischen Eindruck schaffen.

## GÜNPFLANZEN SCHÜTZEN VOR NEUGIERIGEN BLICKEN

Falls du, von Nachbarn umgeben, in einer dicht besiedelten Stadt lebst, können Pflanzen dazu beitragen, deine Privatsphäre zu wahren. Stell deine Pflanzen auf und neben das Fensterbrett. Das schafft einen grünen und gleitenden Übergang zwischen Innen- und Außenbereich – und schützt gleichzeitig vor neugierigen Blicken.

## PFLANZEN ALS RAUMTEILER

Die Wohnung meines Partners in Grünerløkka bietet eine offene Raumlösung zwischen Flur, Küche und Wohnzimmer. Um durch Abteilen und Markieren unterschiedliche Wohnbereiche zu schaffen, verwendet er Pflanzen. Größere Pflanzen funktionieren ausgezeichnet als Raumteiler: Sie können eine grüne halbhohe Wand und so einen Raum im Raum schaffen. Sollten deine Pflanzen nicht so riesig sein, dann stell sie auf eine Bank oder einen kleinen Tisch.

*Ein großes Fensterblatt (Monstera) funktioniert ausgezeichnet als Raumteiler.*

Große Pflanzen, wie z. B. ein Olivenbäumchen, sind in deinem Wohnzimmer ein natürlicher Blickfang.

## DIE PFLANZENECKE

In großen, offenen Räumen ist es schön, eine kleine, grüne Pflanzenecke einzurichten. Erik hat in seiner Wohnung um seinen Lieblingssessel herum Pflanzen gestellt und sich so eine friedliche Oase geschaffen. Probiere es doch auch einmal aus und stell eine große Pflanze in die Ecke, am besten hinter einen bequemen Sessel.

Hast du eine niedrige Bank oder ein paar kleine Tische? Dann schiebe sie neben den Sessel und stell unterschiedlich große Pflanzen in verschiedenen Höhenabstufungen darauf. Am besten stellst du auch noch ein paar auf den Fußboden daneben. Wenn du dann im Stuhl sitzt und den Kopf herumdrehst, bekommst du vielleicht das gleiche Gefühl wie in einem Garten. Das, worauf dein Blick fällt, sind deine Pflanzen. Die Pflanzen so zu stellen, dass du sie gut überblickst, hat noch einen besonderen Vorteil: Du nimmst besser wahr, wenn sie Wasser brauchen. Außerdem kannst du auch noch in deinem Sessel sitzen, ein Buch lesen oder einfach nur in deiner grünen Umgebung nachdenken.

## HOCH HÄNGENDE PFLANZEN

Hängepflanzen mag ich vielleicht am liebsten, denn sie verschönern jeden Raum. Efeu *(Hedera)*, Wachsblumen *(Hoya)*, Efeututen *(Epipremnum aureum)* und Erbsenpflanzen *(Senecio rowleyanus)* machen sich besonders gut, wenn sie in einer Blumenampel präsentiert werden. Sie haben hängende Ranken, die nach unten wachsen, deshalb kann man sie am besten höher im Raum, z. B. vor einem Fenster, platzieren.

Heutzutage gibt es viele schöne Ampeln in unterschiedlichen Materialien, etwa Makramee, Weidengeflecht, Metall und Keramik. Im Internet gibt es eine Unmenge von Videos, die zeigen, wie es gelingt, sich seine eigenen Ampeln zu basteln. Nach meiner Erfahrung schafft man einen lebendigeren und harmonischen Eindruck, indem man mehrere unterschiedlich große Ampeln verschieden hoch in einer Reihe aufhängt. In kleineren Wohnräumen lässt sich wertvoller Platz sparen, indem du deine Pflanzen aufhängst, statt sie z. B. auf den Boden zu stellen.

## DER WOW-FAKTOR

Eine einzelne, große und üppige Pflanze kann in jedem Raum zum Blickfang werden. Ein Bäumchen von einer gewissen Größe – wie z. B. eine große Geigenfeige *(Ficus lyrata)*, ein solides Fensterblatt *(Monstera)* oder eine überdurchschnittlich große Paradiesvogelblume *(Strelitzia nicolai)* – wird einem Raum garantiert die Aufmerksamkeit bescheren, die er verdient – sei es nun ein großes Wohnzimmer oder ein geräumiger Flur.

Bitte beachten: Das sind alles Pflanzen, die Zeit brauchen, um zu wachsen, und/oder sie sind sehr kostspielig, wenn man schon große kauft. Also hab Geduld und spare Geld oder zieh dir deine Spendierhosen an!

## PFLANZENREGALE

Wenn du magst, suche doch mal auf Instagram unter dem Hashtag *#plantshelfie* und lass dich inspirieren. Mit einem oder mehreren Pflanzenregalen in der Küche oder im Wohnzimmer bekommt dein Zuhause ein grünes und üppiges Flair.

In der Küche kombiniere ich gern essbare Grünpflanzen mit Zierpflanzen. Ich genieße es, eigene Kräuter zu verwenden, wie Petersilie, Basilikum, Koriander und Thymian, und mache das oft. Erfahrungsgemäß nehme ich mehr davon, wenn ich sie denn schnell bei der Hand habe. Kräuter duften so schön – und inspirieren mich zum Kochen. Benutze dein Pflanzenregal, um dir besonders lieb gewordene Objekte auszustellen. Ich selbst habe eine Sammlung von verschiedenen handgemalten Keramiktieren. Und ja, das ist Kitsch, aber ein lustiger Akzent zwischen meinen Grünpflanzen.

## PFLANZEN IN WANDTÖPFEN

Probiere für deine Pflanzen doch mal Übertöpfe aus, die sich an der Wand befestigen lassen. Bestimmte Farne eignen sich besonders gut. Und möchtest du eine modernere Gestaltung, dann lohnt es sich zu versuchen, mit verschiedenen Schling- oder Kletterpflanzen eine grüne Wand zu gestalten. Efeututen *(Epipremnum aureum)* sind hierfür gute Kandidaten, aber selbst unter günstigen Lichtverhältnissen kriegt man so etwas nicht leicht hin.

Verschiedene Händler verkaufen fertig gestaltete Mooswände in unterschiedlichen Größen, die sich direkt an die Wand hängen lassen und die fast gar keine Pflege brauchen. Vertikale Kakteenwände mit verschiedenen lebenden Kakteen habe ich auch schon gesehen, und die finde ich spannend.

*In Barcelona sah ich einmal diese originelle Kakteenwand mit über einhundert verschiedenen Kakteen.*

## UNBENUTZTE ECKEN AUFPEPPEN

In allen Wohnungen gibt es ungenutzte Ecken, denen nie wirklich Beachtung geschenkt wird. Aber wenn es dort auch nur irgendeine Art von natürlichem Licht gibt, können ein oder mehrere Pflanzen den Platz interessanter und lebendiger machen. Hast du dort kein natürliches Licht, dann empfiehlt es sich, dir eine Pflanzenlampe zu kaufen! Sonnige, warme Ecken sind perfekt für sonnenhungrige Pflanzen wie Kakteen und Sukkulenten. Wie wäre es mit einer Sonnenecke mit Wüstenflair in deinem Zuhause? Wäre das ein spannendes, kontrastreiches Gestaltungselement?

Grünpflanzen peppen jede Ecke auf.

Wie verdoppelst du die Anzahl der Pflanzen in deinem Wohnzimmer? Kauf dir einen Spiegel!

## MEIN LIEBLINGSTIPP: SPIEGEL!

Es sieht so aus, als hätte ich doppelt so viele Pflanzen, wie ich eigentlich besitze – dank meiner Spiegel! Deshalb der geniale Tipp, beim Einrichten Spiegel zu verwenden, besonders wenn du, so wie ich, in einer kleinen Wohnung lebst. Spiegel reflektieren das Licht tiefer in die Wohnung hinein, und der Raum wird gefühlt größer. Und nicht zuletzt darfst du deine Pflanzen weiter weg vom Fenster stellen, da das Licht durch den Spiegel weiter nach innen dringt. Spiegel in unterschiedlichen Formen schaffen im Interieur auch eine gewisse Dynamik. Ich selbst habe viele verschiedene: viereckige, abgerundete, runde ... Und auch unterschiedlich groß sind sie.

## BLUMENTÖPFE UND PFLANZKÜBEL

Viele fragen mich, woher ich meine Töpfe habe. Die Antwort ist, dass ich gern alles Mögliche miteinander kombiniere: Gebrauchtes und Neues, Selbstgemachtes und Unkonventionelles, Blumentöpfe und Pflanzkübel. Schau einfach mal in deinen Schränken und im Keller nach, was du schon hast! Findest du vielleicht eine Schüssel, die man als Übertopf verwenden könnte? Ich upcycle so etwas gern und bohre für die Drainage dazu ein Loch in den Boden. Das gelingt dir auch gut selbst, indem du ein Gaffer-Tape (Gewebeband) über den Boden des Topfes klebst und danach vorsichtig ein Loch hindurchbohrst. In vielen Städten und Gemeinden gibt es Läden, die von gemeinnützigen Vereinen und Organisationen betrieben werden und wiederverwertbare Sachen verkaufen. Dort auf Schatzsuche zu gehen, ist spannend, nachhaltig, und man unterstützt damit auch noch eine gute Sache.

*Zwei Minikakteen in Retrogläsern. Gelingt es dir, jeweils ein kleines Loch in den Glasboden zu bohren, dann eigenen sich diese Gläser wunderbar als Pflanzentöpfchen.*

## TÖPFE VOM FLOHMARKT

Auf dem lokalen Flohmarkt – oder beim Garagenflohmarkt in der Nachbarschaft – lassen sich ebenfalls Schätze finden. Vielleicht entdeckst du eine alte Zinndose, die für einige deiner Sukkulenten ein gutes Behältnis wäre? Oder einen geflochtenen Weidenkorb, den man innen mit Plastik auskleiden und dann als schönen Übertopf nehmen könnte? Möglichkeiten gibt es viele, wenn du einen kreativen Blick und Fantasie hast – so bekommst du viel für dein Geld, und das Ganze ist auch noch nachhaltig.

Wenn ich unterwegs und auf Reisen bin, gehe ich gern auf Märkte und in Vintageläden und kaufe impulsiv Dinge, die mir ans Herz wachsen und die nur ich besitze. Eine alte Glasschüssel aus dem Burgund ist nun ein Blumentopf für einen Farn, und ein altes, hölzernes Litermaß aus Portugal fungiert jetzt hervorragend als Übertopf für eine Kletterpflanze. Diese Behälter erinnern mich immer wieder an die schönen Erlebnisse auf meinen Reisen.

*Dunkel gestrichene Wände und frisches, grünes Blattwerk sind eine perfekte Kombination.*

## VOR DUNKEL GESTRICHENEN WÄNDEN HEBEN SICH DEINE PFLANZEN AB.

Viele Leute befürchten, dass dunkle Wandfarben Räume dunkel erscheinen lassen, doch ich habe ganz andere Erfahrungen gesammelt: Sie schaffen eine wohlige Atmosphäre und können als ungewöhnlicher Hintergrund für deine Grünpflanzen dienen und sie besonders hervorheben. Dunkle Wände in Grau-, Grün- und Blautönen heben das grüne Blattwerk noch mehr hervor und verleihen deiner grünen Oase Tiefe.

## TISCHE, BLUMENSÄULEN UND HOCKER

Variation ist das Zauberwort: Bei der Einrichtung meines Zuhauses habe ich, was meine Pflanzen betrifft, bewusst viele unterschiedliche Elemente benutzt. Ich habe mehrere Pflanzen auf ein Tischchen gruppiert, andere Pflanzen sowohl auf als auch unter Blumensäulen gestellt, oder ich habe ausgediente Hocker genommen, um meine Pflanzen höher zu stellen und gar auszustellen. Ich finde, Pflanzen, auf unterschiedlichen Höhen platziert, sehen schön aus. Wer sie vom Boden hochnimmt und auf Hocker oder Tischchen stellt, kreiert einen luftigen, üppigen und aparten Eindruck.

Ein Tipp für ungewöhnliche Pflanzensäulen: Ansonsten unbenutzte größere Steinkrüge kann man umdrehen und obendrauf Topfpflanzen stellen.

## GRÜNE IDEEN FÜR EIN ÜPPIG-GRÜNES ZUHAUSE

Die aktuellen Trends der Inneneinrichtung beinhalten deutlich organische Elemente. Zusätzlich zu Grünpflanzen gibt es eine Menge toller Kunstplakate mit schönen Blättermotiven, mit denen es gelingt, die Natur ins Zimmer zu holen. Wie wäre es, wenn du dir das schöne Bild eines üppigen Fensterblattes übers Sofa hängen würdest? Der natürliche Ausdruck lässt sich noch durch mit Pflanzenmotiven bedruckte Heimtextilien ergänzen. Ein schönes Kissen mit Blättermotiv kann noch jeden Sessel oder ein Sofa beleben, und hübsche, gemusterte Tapeten vermögen einen üppig-tropischen Ausdruck noch zu verstärken. Hast du eine etwas tiefer im Raum gelegene Wand, die wenig Tageslicht abbekommt, verleiht das dem Wohnraum garantiert ein organisches Ambiente.

Je origineller man versucht, seine Pflanzen hervorzuheben, desto besser gelingt es einem in der Regel. Teste einfach aus, was gut aussehen könnte!

*Um einen luftigen Eindruck zu kreieren, stell deine Pflanzen gern auf Pflanzensäulen oder Hocker.*

# Pflanzen in unterschiedlichen Räumen

Das eigene Zuhause mit Pflanzen aufzupeppen – und etwas persönlicher zu gestalten –, ist verhältnismäßig preiswert und gelingt nach Lust und Laune. Welche Pflanzen sich wo am besten eignen, ist in vielerlei Hinsicht eine Geschmackssache, man kann aber gleichzeitig auch systematisch zu Werke gehen. Komm einfach mit in die unterschiedlichen Räume und hol dir Inspiration und neue Ideen!

## FLUR

Wer als Besucher einen Flur betritt, gewinnt einen ersten Eindruck von der Wohnung, der wiederum den Gesamteindruck prägen wird. Ich war in letzter Zeit im Zusammenhang mit einem Studium und meiner Arbeit eine Weile in Portugal, und dort – am äußersten westlichen Zipfel Europas – füllt man den Flur mit Pflanzen und heißt auf diese Weise seine Gäste willkommen. Das ist eine Tradition, die mir gefällt!

Der Flur hat sowohl eine praktische als auch eine ästhetische Funktion: Hier will man seine Jacken und Schuhe verstauen und gleichzeitig Gastfreiheit signalisieren. Ich finde, im Flur passen oft Ampeln am besten, denn man nutzt die Zimmerhöhe aus und belegt keinen wertvollen Platz auf dem Fußboden. Nimm am besten eine Efeutute *(Epipremnum aureum)*, Efeu *(Hedera)* oder eine Wachsblume *(Hoya)*, die alle etwas Zugluft vertragen, die von einer geöffneten Tür ausgeht. Außerdem sehen sie gut aus in Ampeln, auch wenn man sie ab und zu etwas nachlässig versorgen sollte.

*Grünpflanzen im Flur als Willkommensgruß.*

## WOHNZIMMER

Das Wohnzimmer ist der Ort, an dem man zur Ruhe kommt, sich erholt und sich auch neuen Aktivitäten zuwendet. Hier passen viele Topfpflanzen, aber es wäre schön, eine Pflanze, am besten z. B. ein Bäumchen, zu haben, das einen besonderen Blickfang bildet. Eine große Geigenfeige *(Ficus lyrata)*, eine tropische Bananenpflanze *(Musa)* oder eine üppige Paradiesvogelblume *(Strelitzia nicolai)* heben garantiert den Gesamteindruck des Raumes und wirken, jede für sich genommen, elegant.

Im Wohnzimmer darf man in großen Dimensionen denken, denn in der Regel ist es auch der größte Raum unseres Zuhauses und bietet einen Extraplatz zum Austoben. Hier befinden sich oft ein paar Fenster und bieten genug Lichteinfall, den die Pflanzen brauchen, um gedeihen und wachsen zu können. Eine einzelne Pflanze kann hier schon selbst zum Einrichtungsobjekt werden und auch noch das restliche Interieur herausstreichen. Andere Pflanzen, die sich eignen, sind Goldfrucht- oder auch Areca-Palmen *(Dypsis lutescens)*, Farne, Zimmeraralien *(Fatsia japonica)* oder Gummibäume *(Ficus elastica)*. Gönn dir im Wohnzimmer doch einfach einmal eine große, außergewöhnliche Pflanze, die die Blicke auf sich zieht! Wie wäre es z. B. mit einem großen Fensterblatt/einer Monstera *(Monstera deliciosa)*?

Grünpflanzen im Wohnzimmer schaffen noch dazu eine besondere Atmosphäre, dämpfen Geräusche, unterteilen Räume und schirmen bestimmte Zonen wunderbar ab. Aus meinem Wohnzimmer habe ich zugunsten meiner Pflanzen sowohl den Fernseher als auch einige überflüssige Möbel verbannt.

*Das Wohnzimmer ist der ideale Ort für deine eigene grüne Oase.*

# KÜCHE

Die Küche ist für die meisten das Herz ihres Zuhauses. Hier trifft man sich, um miteinander zu essen und zu reden. Hier stehen oft auch viele Kräuter auf dem Fensterbrett oder einem Regal. Ich selbst habe am liebsten die bei der Hand, die ich beim Kochen am häufigsten verwende, z. B. Petersilie, Basilikum, Koriander, Thymian und/oder Oregano. Es werden sogar Mini-Gewächshäuser, sogenannte Indoor-Gärten, angeboten, die auf der Küchenarbeitsfläche stehen können. Mit ihren integrierten Pflanzenlampen schaffen sie ideale Wachstumsbedingungen in den dunklen Wintermonaten, und sogar die Zucht von Gemüse wie Blattsalat, Sprossen und Rettichen gelingt das ganze Jahr über.

Zitronenbüsche und -bäumchen gehören in die Küche. Die Calamondin/Zwergorange *(x Citrofortunella mitis)* und Zitrone *(Citrus limon)* nimmt man gern für Speisen und Getränke, und wenn ich mir an den Wochenenden einen Gin Tonic mache, dann am liebsten mit etwas Zitrone. Die Zwergorangen von meinem Bäumchen sind furchtbar sauer, aber mindestens ebenso süß ist die Freude darüber, sie selbst gezüchtet zu haben!

Einen Kaffeestrauch *(Coffea arabica)* habe ich auch auf meiner Küchenarbeitsfläche stehen. Er hat ein dekoratives, glänzendes Blattwerk, und vielleicht kann er sogar über die Jahre hinweg zu einem Früchte tragenden Bäumchen heranwachsen und mich mit lokal hergestelltem Espresso versorgen ... Hoffen darf man ja immer!

Ein gesondertes Pflanzenregal in der Küche ist sowohl praktisch als auch schön. Stell eine Auswahl an Kräutern und Zierpflanzen sowie ein paar gute Kochbücher und ein paar dekorative Objekte hinein, die du besonders magst.

*Kaffeestrauch (Coffea arabica)*

*Die Calamondin/ Zwergorange (x Citrofortunella mitis) ist eine robuste Zitruspflanze, die in den meisten Wohnungen gedeihen kann. Probier doch mal, ihre Früchte als Alternative zu Limette oder Zitrone für Speisen und Getränke zu verwenden.*

## SCHLAFZIMMER

Alle möchten gut schlafen. Deshalb ist ein Schlafzimmer, das uns die besten Voraussetzungen für Ruhe und Erholung bietet, so wichtig. Viele betrachten Pflanzen im Schlafzimmer mit Skepsis, doch dafür gibt es gar keinen Grund! Lebende Pflanzen sind gut für die Luft in Innenräumen; *sterbende* Pflanzen, die die Luftqualität verschlechtern, sind eine ganz andere Geschichte.

Es gibt faktisch Pflanzen, die sich für Schlafzimmer besonders gut eignen. Während man schläft, reinigen sie die Luft, indem sie Schadstoffe beseitigen. Selbst im Dunkeln können sie noch Formaldehyd und andere Toxine absorbieren und in Sauerstoff umwandeln. Eine optimale Doppelfunktion für ein Raumklima, in dem man schlafen will: Die Pflanzen reinigen die Luft und produzieren gleichzeitig Sauerstoff!

Besonders geeignet hierfür sind Sansevieria/Bogenhanf *(Sanseviera trifasciata)* und Aloe vera. Diese Pflanzen sind sehr robust, was Temperaturunterschiede durch Lüften und offene Fenster des Nachts betrifft. Eine andere gute Alternative – wenn auch keine Grünpflanze – wäre Lavendel *(Lavandula augustifolia)*. Lavendel beruhigt und schafft eine gute, sanfte Luft, ist aber in Innenräumen über längere Zeit nicht einfach zu halten.

## BADEZIMMER

Das Badezimmer kann so manche Herausforderungen bieten, wenn es um Zimmerpflanzen geht. Oft herrscht dort wenig oder gar kein Tageslicht. Aber hast du Glück, also ein Badfenster, dann hast du auch optimale Wachstumsbedingungen für deine Pflanzen.

Regelmäßiges Absprühen und Wasserdampf schaffen ein Klima, in dem Farne, eine Reihe von tropischen Gewächsen und andere feuchtigkeitsliebende Pflanzen wunderbar gedeihen. Sie sind ja an die Umweltbedingungen im Regenwald gewöhnt, und in einem hellen und feuchten Badezimmer sind womöglich auch eine Bananenpflanze *(Musa)*, eine Korbmarante *(Calathea orbifolia)* oder ein Fensterblatt/eine Monstera *(Monstera)* eine gute Wahl.

Hast du im Badezimmer aber kein Tageslicht, dann können es selbst Sukkulenten ein paar Wochen dort aushalten – wenn du sie denn danach wieder in die Nähe eines Fensters stellst. Ich selbst habe ein paar Glücksfedern/Zamien *(Zamioculcas zamiifolia)* in meinem fensterlosen Bad stehen, und sie überleben durch das Licht der Deckenspots in Kombination mit der Luftfeuchtigkeit. Und wenn auch du kein Badfenster hast, dann kauf dir am besten eine Pflanzenlampe, und schon gelingt es dir, eine grüne Oase anzulegen. Das Badezimmer kann darüber hinaus *noch* ein bisschen grüner werden, indem du einen abgeschnittenen Stängel eines Fensterblatts *(Monstera)* oder einer Orchidee oder den Zweig eines beschnittenen Olivenbäumchens in eine Vase stellst.

## GARAGE, DACHBODEN UND KELLER

Das sind perfekte Überwinterungsorte für die Pflanzen, die du im Sommer draußen stehen hattest. Wenn die Temperaturen im Herbst sinken – noch bevor der erste Nachtfrost einsetzt –, musst du deine Oliven- und Zitronenbäumchen sowie Palmen hereinholen. Diese Pflanzen sind ans Mittelmeerklima gewöhnt, deshalb sollte man ihnen das Klima erschaffen, das sie normalerweise in der Winterzeit um sich haben wollen. Bei Temperaturen zwischen 0 °C und 10 °C, mit etwas Lichtzufuhr und einmal im Monat sparsamem Gießen geht es ihnen in ihrer winterlichen Ruhephase am besten.

Andere Grünpflanzen in Pflanzkübeln, die vor Frost geschützt in der Garage, auf dem Dachboden oder im Keller überwintern können, sind Efeu *(Hedera)*, Feige *(Ficus carica)* und Tempelbaum *(Ginkgo)*.

## ARBEITSZIMMER

Wenn du fürs Studium lernst oder von zu Hause aus arbeitest, vermag dich das Betrachten einer interessanten Pflanze mit ihrem schönen Blattwerk wieder neu zu inspirieren. Meine Lieblingsbüropflanzen sind diverse Korbmaranten oder eine farbenprächtige Begonie. Benutzt du aber dein Arbeitszimmer nicht oft, dann solltest du eine Pflanze wählen, deren Erde zwischendurch trocken werden darf, z. B. eine Glücksfeder/Zamie *(Zamioculcas zamiifolia)* oder diverse Sukkulenten und Kakteen.

Grünpflanzen können nicht nur zu einem ästhetischeren Arbeitsmilieu beitragen, sondern auch zu neuen Arbeitsaufgaben inspirieren.

## GRÜNE FREUDEN BEI DER ARBEIT

Welche Pflanzen für einen Arbeitsplatz geeignet sind, hängt auch von den Leuten ab, die dort arbeiten. Gibt es unter deinen Kollegen und Kolleginnen auch nur ein paar Pflanzenenthusiasten, sollte es kein Problem sein, viele, gern auch anspruchsvolle Pflanzen zu halten.

Gehörst du aber zu den Menschen, die ihre Büropflanzen mit Kaffeeresten gießen – was faktisch dazu beiträgt, dass sie später eingehen –, dann solltest du eine Pflanze mit dicken, grünen Blättern wählen, die bis zum nächsten Gießen auch mal trocken werden kann. Eine gute Wahl wären hier: Efeututen *(Epipremnum aureum)*, Sansevierien/Bogenhanf *(Sanseviera trifasciata)* und Goldfruchtpalmen/Areca-Palmen *(Dypsis lutescens)*.

Fensterblatt/Monstera

Calamondin/Zwergorange

# Pflanzenglück in der Praxis

Weltweit – und besonders in Großstädten – wird die Luftqualität immer schlechter. Damit verschlechtert sich aber auch die Luft in unseren Wohnungen und Häusern. Doch dort, wo ich wohne, im norwegischen Oslo, ist es gelungen, diesen Trend umzukehren: Man legt mehr Gewicht auf öffentliche Verkehrsmittel und grüne Fußgängerzonen, in denen sich die Menschen frei bewegen können. Trotzdem ist die Osloer Luft immer noch schädlich, und es bleibt weiterhin viel zu tun. Wir Stadtbewohner können durch unsere Zimmerpflanzen selbst zu einer besseren Gesundheit beitragen. Wir halten uns ja immer noch zu circa 90 Prozent unserer Zeit in Innenräumen auf.

Hast du schon mal von Naturmangel und Waldluft-Effekt gehört? Wir Menschen von heute leben unter Stress und mit Staub und sitzen meist still – das kann eine Reihe von physischen und psychischen Beschwerden verursachen. Wissenschaftler meinen, dass Menschen, die durch grüne Zimmerpflanzen mehr Waldluft in ihr Zuhause bringen, größere Ruhe und Zufriedenheit erleben und mehr Achtsamkeit üben. Sie fühlen sich – durch den sogenannten Waldluft-Effekt – aufgehobener und weniger müde. Ein Naturmangel lässt uns schneller krank werden.

An Luftverschmutzung sterben laut WHO (Weltgesundheitsorganisation) jährlich sieben Millionen Menschen. Das macht Angst. Verschmutzt wird die Luft durch Diesel- und Benzinfahrzeuge, Viehwirtschaft und Industrie- und Kohleanlagen. Das Abholzen von Wäldern verschärft das Problem, viele Pflanzen und Bäume verschwinden im gleichen Takt, wie der Ausstoß von immer mehr Toxinen zunimmt. Das wiederum macht die Luft, die wir atmen, bedenklich und schädlich. Im indischen New Delhi ist die Luftverschmutzung so hoch, dass der Wissenschaftler und Umweltaktivist Kamal Meattle so stark allergisch darauf reagierte, dass er daran zu sterben drohte. Seine Lungenkapazität war an einem Punkt auf 70 Prozent reduziert. Kamal begriff, dass er etwas tun musste – sowohl für sich als auch für alle anderen Menschen in New Delhi. Er untersuchte es und fand heraus, wie stark grüne Zimmerpflanzen unser psychisches und physisches Wohlbefinden im Arbeitsmilieu beeinflussen können.

Auf der Grundlage von Forschungsergebnissen u. a. der NASA (*National Aeronautics and Space Administration*, US-amerikanische Luft- und Raumfahrtbehörde) und der IET (*Institution of Engineering and Technology*, britische Standesvertretung für in Ingenieurwesen und Technologie bereich tätige Personen) entdeckte Kamal, dass drei ganz gewöhnliche Zimmerpflanzen das Luftklima in Innenräumen nachweislich verbessern können: Efeutute *(Epipremnum aureum)*, Sansevieria/Bogenhanf *(Sanseviera trifasciata)* und Goldfruchtpalme/Areca-Palme *(Dypsis lutescens)*. In einem viel beachteten TED-Talk erzählt er wohlüberlegt, wie wir alle unser Innenklima mit ganz gewöhnlichen, handelsüblichen, grünen Zimmerpflanzen verbessern können.

Kamal ließ die Wirkung der Pflanzen in dem Gebäude, in dem er selbst arbeitete, testen. Die Untersuchung ergab, dass die Beschwerden der dortigen Mitarbeiter – Kopfschmerzen, verringerte Lungenkapazität, Asthma u. a. – eindeutig reduziert wurden. Die Arbeitsproduktivität war auch um 20 Prozent gestiegen.

## Wissenswertes

*Alle Pflanzen wandeln Kohlendioxid in Sauerstoff um, dennoch reinigen nicht alle Pflanzen die Luft. Laut NASA bezeichnet man nur solche Pflanzen als luftreinigend bzw. luftfilternd, die auch andere schädliche Stoffe aus der Luft abbauen. Pflanzen, die besonders gut die Luft reinigen, stammen meist aus tropischen und subtropischen Gegenden.*

## Tipp

Indem du mehrere Pflanzen zusammenstellst, simulierst du einen kleinen Wald. In deinem Pflanzenwäldchen beginnen die Pflanzen zusammenzuarbeiten: Zusammen atmen sie, geben Feuchtigkeit ab und absorbieren gleichzeitig die Schadstoffe aus der Zimmerluft. Du hast damit ein visuell wunderschönes Pflanzenwäldchen in deinem Zuhause, das noch dazu deine Gesundheit und dein Wohlbefinden verbessert.

# DIE HEILENDE KRAFT DER PFLANZEN FÜR DEINE PSYCHE

Im täglichen Leben arbeite ich als Therapeut. Die Arbeit beinhaltet sowohl ermutigende als auch schwierige Gespräche mit Patienten. Ich liebe meine Arbeit, denn sie ergibt täglich Sinn. Von den Schmerzen meiner Mitmenschen zu hören, macht jedoch auch etwas mit mir. Nach der Arbeit nach Hause zu kommen und mit meinen Händen in Blumenerde zu wühlen, ist für mich nützliche Eigentherapie. Ich komme wieder runter, ändere meinen Fokus und merke, wie mein Atem ruhiger wird. Ich glaube, dass Pflanzen eine heilende Wirkung auf uns haben. Pflanzen sind außerdem für alle zugängliche Therapiemittel, die sich jeder leisten kann.

Ich habe 20 Pflanzen in meinem Büro. Viele meiner Patienten haben traumatische Erfahrungen sammeln müssen. Bekannterweise absorbieren Pflanzen Schadstoffe aus der Luft, d.h., sie beseitigen die Elemente in der Luft, die dem Menschen nicht guttun. Ich glaube, dass die Pflanzen auf dem Fensterbrett in meinem Büro wichtig sind. Sie lauschen geduldig und verschwinden nicht. Sich mit Pflanzen zu umgeben, kann schmerzhafte Gefühle mindern. Warum sollten ansonsten so viele Menschen ihre Zuflucht in der Pflanzenpflege und Gartenarbeit suchen, wenn sie gefrustet sind oder Sorgen haben? Pflanzen reduzieren schmerzhafte Gefühle und lenken den Fokus auf Leben und Wachstum. Frisches Grün symbolisiert, wie man so sagt, das Prinzip Hoffnung.

## MEHR PFLANZEN – WENIGER KRANKSCHREIBUNGEN

Im regionalen Firmensitz von Google in Norwegen hat man die Natur ins Haus geholt, eine an einen Regenwald erinnernde Atmosphäre geschaffen und Pflanzenlampen installiert, um für die vielen Pflanzen dort optimale Wachstumsbedingungen zu schaffen. Googles Krankmeldungen in Norwegen liegen unter einem Prozent. Interessant, oder? Zum Vergleich: Auf norwegischer Landesebene liegt der Anteil bei über sechs Prozent. Der frühere Firmenchef von Google Norwegen Jan Grønbech verweist auf den Zusammenhang zwischen Arbeitsumwelt und Krankschreibungen und meint, der Grund für diese niedrige Prozentzahl sei, dass die Mitarbeiter in einer schönen und organischen Umgebung arbeiteten. Bei Google Norwegen sieht man den Effekt in einem Rückgang der kurzzeitigen Krankschreibungen, weniger Kopfschmerzen und erhöhter Konzentrationsfähigkeit der Mitarbeiter.

Nachweislich hat das von Pflanzen reflektierte Licht eine ganz besondere Wirkung auf uns Menschen – und es sorgt für ein besseres Innenklima.

*Tipp*

*Möchtest du deinen Beliebtheitsgrad unter deinen Kollegen steigern? Übernimm die Pflege eurer Pflanzen! Alle mögen jemanden, der die Umgebung mit Pflanzen verschönert. Ich habe das selbst ausprobiert – und es funktioniert!*

*Tipp*

*Installiere deine eigene natürliche Luftreinigungsanlage mit:*

- Efeututen *(Epipremnum aureum)*
- Sansevierien/Bogenhanf *(Sanseviera trifasciata)*
- Goldfruchtpalmen/Areca-Palmen *(Dypsis lutescens)*

Mein Freund „Espen" erzählte mir mal von seinem finnischen Ex-Chef „Pirkola".
Espen erlebte Pirkola als zynisch und autoritär und wurde, wenn Pirkola in der Nähe
war, unsicher. Ihr Verhältnis entwickelte sich zu einem ernsthaften Arbeitskonflikt.
An einem Punkt schlug Pirkola sogar mit der Faust auf Espens Tisch. Pirkola war
wütend, Espen bekam es mit der Angst. Das Arbeitsklima im Büro war vergiftet.
Doch plötzlich geschah etwas, und ihr angespanntes Verhältnis entwickelte sich in eine
ganz neue Richtung: Eine kleine Bananenpflanze tauchte im Büro auf. Und sie ahnte
nicht, welche positive Rolle sie spielen würde. Sowohl Espen als auch Pirkola fanden
Interesse an der Bananenpflanze und trafen sich immer wieder mit ihrer jeweiligen
Gießkanne bei ihr. Nach und nach begannen sie, miteinander zu plaudern – über
Pflanzen, Bananen, Lichtverhältnisse … und dies und das. Die beiden wurden nie
wirklich beste Freunde, doch die Bananenpflanze hatte eine diplomatische Vermittler-
funktion erfüllt. Sie hatte einen Teil der vergifteten Arbeitsatmosphäre beseitigt.
Sowohl norwegische als auch internationale Studien haben nachgewiesen, wie
sehr grüne Zimmerpflanzen die Arbeitsatmosphäre und das Wohlbefinden der
Mitarbeiter verbessern und den Krankenstand positiv beeinflussen können.

Bananenpflanze

# URBANE GRÜNE DSCHUNGEL WELTWEIT

Nicht nur in Norwegen interessiert man sich zunehmend für die heilende Kraft der Pflanzen. Auf Instagram tauchen ständig neue Instagram-Konten von Pflanzenliebhabern auf, die ihre Leidenschaft mit anderen teilen. Alle wollen Grünpflanzen! Brauchst auch du noch mehr Inspiration, dann schau doch mal hier:

— @urbanjungleblog
Globale Inspirationsquelle für Grünpflanzen. Hauptsächlich Inneneinrichtung und Pflanzen.

— @homesteadbrooklyn
Aus Brooklyn, USA. Hat 800 Topfpflanzen und ein Huhn in ihrer Wohnung.

— #homebyfousna
Aus Kolumbien. Massenweise tropische Pflanzen und schöne Übertöpfe aus Südamerika.

— @mamabotanica.amsterdam
Aus den Niederlanden. Expertin für Stecklinge und Ableger.

— @nikolicvladan
Mr. Houseplant – aus Washington, USA. Unglaublich sachkundiger Pflanzenenthusiast mit vielen praktischen Ratschlägen und Tipps.

Hast du vor zu verreisen? Wie wäre es denn, einmal einen botanischen Garten zu besuchen? Es gibt weltweit schätzungsweise 1775 botanische Gärten. Hier die Lieblingsgärten meiner Instagram-Follower:

- Kew Gardens, London, England
- Singapore Botanic Gardens, Singapur
- Royal Botanic Garden, Edinburgh, Schottland
- Brooklyn Botanic Garden, New York City, USA
- Jardim Botânico, Rio de Janeiro, Brasilien
- Kirstenbosch National Botanical Garden, Cape Town, Südafrika

*Der Botanische Garten in Oslo, Norwegen.*

# Pflanzenporträts

Die Pflanzenwelt ist enorm arten- und umfangreich. Ich selbst habe nur 0,00029 Prozent aller uns zugänglichen Pflanzenarten der Welt. 350.000 Sorten existieren weltweit – meine bescheidene Sammlung umfasst nur 100 Pflanzen. Das ist wirklich wenig, verglichen mit dem unermesslich großen Reich der Pflanzen. Im Folgenden meine persönlichen Lieblinge, die sich erfahrungsgemäß leicht finden und unter unseren Klimabedingungen pflegen lassen:

*Brooklyn Botanic Garden*

# Aloe vera

## (Aloe vera)

Eine Sukkulente, die in ihren Blättern Wasser lagert und daher sehr robust ist. Sie kann mehrere Monate ohne Wasser überleben. Die Aloe vera ist nicht nur schön und interessant, sondern sie hat auch nachweislich heilsame Wirkungen: Ihr Saft kann leichte Hautirritationen, wie z. B. Sonnenbrand, lindern und Rötungen beseitigen.

 **LICHT:** Die Aloe vera braucht gute Lichtverhältnisse, am besten direktes Sonnenlicht. Sie wächst normalerweise in wüstenartigen Landschaften, d. h., gib ihr gern den sonnigsten Platz, den du hast.

 **GIESSEN:** Sehr sparsam. Die Erde sollte bis zum nächsten Gießen am besten ganz austrocknen. Die Pflanze kann grundsätzlich alle zwei Wochen gegossen werden, doch dann bitte sparsam. Im Winter genügt einmal im Monat.

 **PFLANZENERDE:** Verwende sandige Sukkulentenerde mit einer Schicht Drainagekugeln zuunterst. Man kann auch handelsübliche Blumenerde verwenden.

 **DÜNGEN:** Dies ist eine sehr genügsame Pflanze, sei also beim Düngen zurückhaltend und gib ihr von März bis September nur einmal monatlich etwas Flüssigdünger.

 **HERKUNFT:** Es wird angenommen, dass die Aloe vera von den Kapverdischen Inseln stammt, doch mit Bestimmtheit lässt sich das nicht sagen, da Handelsreisende und Seeleute die Pflanze wegen ihrer Heilkräfte über Jahrhunderte hinweg kreuz und quer über den Globus geschippert haben.

 **ANDERES:** Es lohnt sich, den Saft der Blätter zur Linderung von Hautirritationen zu verwenden. Die Aloe vera ist ein bisschen wie eine Gurke: Sie besteht zu 96 Prozent aus Wasser und speichert außerordentlich gut Feuchtigkeit. Im Sommer kannst du die Aloe vera gern nach draußen stellen, aber an einen geschützten, überdachten Platz, damit du die Wasserzufuhr kontrollieren kannst.

# Avocado

## (Persea americana)

Ein Klassiker für DIY-Stadtgärtner! Um dir aber eine Enttäuschung zu ersparen, solltest du nicht erwarten, dass dein aus einem Kern gezogenes Avocado-Bäumchen (vgl. S. 27) Früchte tragen wird. (Das würde unter Idealbedingungen mindestens fünf Jahre dauern!) Ungeachtet dessen wirst du deine selbst gezogene Pflanze betrachten und dich inspirieren lassen können, wenn du dich mit dem – zumindest in Norwegen beliebten – Freitags-Tacos zufrieden auf deinem Stuhl zurücklehnst, oder nicht?

 **LICHT:** Sonniger Platz, im Sommer am besten geschützt im Freien.

 **GIESSEN:** Braucht Wasser, d. h., die Erde sollte möglichst nicht ganz austrocknen. Halte die Pflanze gleichmäßig feucht. Aber Vorsicht! Zeigen sich gelbe Blätter, dann ist das ein Zeichen, dass du zu viel gegossen hast.

 **PFLANZENERDE:** Blumenerde mit Drainagekugeln zuunterst. Mische für extra gute Drainage am besten auch noch Drainagekugeln mit in die Erde.

 **DÜNGEN:** Mit organischem Flüssigdünger ein- bis zweimal monatlich in der Wachstumsphase.

 **HERKUNFT:** Wahrscheinlich aus Mexiko, aber darüber streiten sich noch die Gelehrten ...

 **ANDERES:** Hattest du auch schon mal eine unreife Avocado aus dem Laden? Es gelingt dir, den Reifeprozess zu beschleunigen, indem du sie zusammen mit einer reifen Banane in einer Papiertüte aufbewahrst.

# Bananenpflanze
## (Musa)

Das ist eine klassische Tropenpflanze, die wir unmittelbar mit wärmeren Gefilden assoziieren. Sei dir darüber im Klaren, dass sie, soll sie gedeihen, ganz schön anspruchsvoll ist! Die Bananenpflanze sieht robust aus, hat aber – trotz ihrer Größe – relativ empfindliche Blätter. Die im Handel erhältliche Variante – „Dwarf Cavendish" – ist kleiner als die Originalpflanze. Bananenpflanzen mögen sowohl Feuchtigkeit als auch Wärme. Im Sommerhalbjahr empfiehlt es sich, sie am besten draußen stehen zu lassen, aber windgeschützt, weil sonst ihre Blätter einreißen. Mit der Zeit und dem Wachstum bekommen die älteren Blätter braune Spitzen, die sich später gelb verfärben. Das ist ganz natürlich. Diese Blätter kannst du dann entfernen, denn das fördert das Sprießen neuer Blätter.

 **LICHT:** Das ist eine Pflanze, die Licht liebt und gute Lichtverhältnisse braucht. Vermeide aber starke Sonneneinstrahlung über einen längeren Zeitraum hinweg, besonders was Jungpflanzen und neue Blatttriebe betrifft. Ein optimaler Standort wäre in einem warmen Zimmer nahe einem Ost- oder Westfenster. Ideal für die Pflanze wären 12 Stunden Tageslicht. Überleg also, ob nicht im Winterhalbjahr ein zusätzliches Pflanzenlicht angebracht wäre.

 **GIESSEN:** Sie mag ziemlich feuchte Erde, aber lass die oberste Schicht (ein paar Zentimeter tief) bis zum nächsten Gießen trocken werden. Im Frühjahr und Sommer bekommt sie am liebsten ein paarmal die Woche Wasser, doch sei im Winter sparsam, um Wurzelfäule zu vermeiden.

 **PFLANZENERDE:** Nimm handelsübliche Blumenerde mit Drainagekugeln zuunterst. Für eine noch bessere Drainage mische am besten auch noch einige Kugeln mit in die Erde.

 **DÜNGEN:** Die Bananenpflanze ist richtig gierig und wird das ganze Frühjahr und den ganzen Sommer über gedüngt – am liebsten alle zwei Wochen.

 **HERKUNFT:** Aus Südostasien, wo sie schnell mehrere Meter groß werden kann.

 **ANDERES:** Die Bananenpflanze braucht einen großzügigen Topf, um zu gedeihen und zu wachsen. Versuche, sie in den ersten Jahren einmal im Jahr umzutopfen. Wenn die Pflanze älter wird, entwickelt sie Seitentriebe, auch Kindel genannt. Diese kannst du vorsichtig von der Mutterpflanze entfernen und direkt in frische, nahrungsreiche Erde einpflanzen. Versuche dabei, so viele Wurzeln wie möglich mitzuverpflanzen.

# Calamondin/ Zwergorange
## (x Citrofortunella)

Diese Zitrusfrucht begegnet dir leicht in gut sortierten Pflanzenhandlungen. Die Pflanze trägt kleine Miniorangen. Wenn ich auf Instagram Bilder meiner zehnjährigen Calamondin zeige, bekomme ich immer viele Kommentare von meinen Followern auf den Philippinen, wo diese Frucht – und besonders ihr Saft – in Speisen verwendet wird. Wenn die Früchte herangereift sind, fordere ich mich immer selbst heraus, eine am Tag zu essen um des regional geernteten Vitamin Cs willen … sie ist aber schrecklich sauer!

 **LICHT:** Die Calamondin braucht gute Lichtverhältnisse, am liebsten direktes Sonnenlicht. Achtung! Wenn du sie nach dem letzten Frost nach draußen bringst, dann achte darauf, ihr am Anfang einen schattigen Platz zu geben, um Sonnenschäden zu vermeiden.

 **GIESSEN:** Mäßig – sie trocknet gern bis zum nächsten Mal aus. Im Frühjahr und Sommer bekommt sie gern ein- bis zweimal wöchentlich Wasser. Im Winter ist ihre Ruhephase, dann sollte man sie an einen kühlen und etwas dunkleren Ort stellen und nur sparsam gießen. Hast du einen Dachboden oder einen Keller, dann sind das während der Frostperioden geeignete Standorte.

 **BUMENERDE:** Nimm handelsübliche Blumenerde mit Drainagekugeln zuunterst. Für eine noch bessere Drainage mische am besten auch noch einige Kugeln mit in die Erde.

 **DÜNGEN:** Von Frühjahr bis Herbst einmal monatlich. Es gibt einen Spezialdünger mit niedrigem Kalkgehalt, der sich besonders gut für Calamondin- und andere Zitruspflanzen eignet.

 **HERKUNFT:** Stammt vermutlich aus China, ist aber heute zumeist in Indonesien und auf den Philippinen verbreitet, wo die Früchte oft in Speisen verwendet werden.

 **ANDERES:** Den Saft der Calamondin kannst du wie Limettensaft verwenden. Die Frucht eignet sich auch ausgezeichnet für Marmeladen oder Chutneys. Ich selbst finde sie toll zum Garnieren von Gin Tonics.

# Dreieckiger Glücksklee/ Roter Dreiecksklee

## (Oxalis triangularis)

Seine Popularität basiert auf seinem schönen, tief lilafarbenen Blattwerk. Mich erinnert es an einen Schwarm Schmetterlinge – in Farbschattierungen von Dunkelbraun bis Burgunder. Kaum verwunderlich also, dass man die Pflanze auch als Roten Schmetterlingsklee bezeichnet. Der Dreieckige Glücksklee/Rote Dreiecksklee ist faktisch ein Würzkraut und erinnert etwas an den bekannteren, wild wachsenden Waldsauerklee. In den letzten Jahren hat er seinen natürlichen Platz in der modernen nordischen Küche eingenommen. Vom Geschmack her ist er frisch und säuerlich, eine Mischung aus Zitrone und Klee. Vorsicht! Der Verzehr großer Mengen kann giftig sein!

Das Blattwerk ist, was die Lichtverhältnisse betrifft, empfindlich. Die Blätter entfalten sich am Morgen und klappen sich abends bei Sonnenuntergang wieder zusammen.

 **LICHT:** Um kräftig und gesund zu bleiben, ist die Pflanze von guten Lichtverhältnissen abhängig. Im Sommer kann sie gut draußen stehen. Vermeide aber pralle Sonne!

 **GIESSEN:** Mag ziemlich feuchte Erde, aber sorge dafür, dass die oberste Erdschicht, d.h. zwei Zentimeter tief, bis zum nächsten Gießen trocken werden kann. Der Dreieckige Glücksklee/Rote Dreiecksklee verzeiht schnell, wenn du ihn einmal vergessen haben solltest und er dann wie tot aussieht. Durch erneutes Gießen werden seine Wurzeln wieder zum Leben erweckt, und dann tauchen auch schon neue Triebe auf.

 **BLUMENERDE:** Nimm handelsübliche Blumenerde mit einer Schicht Drainagekugeln zuunterst. Für eine noch bessere Drainage mische am besten auch noch einige Kugeln mit in die Erde.

 **DÜNGEN:** Im Frühjahr und Sommer einmal monatlich, im Winter sowie nach dem Umtopfen wenig oder gar nicht.

 **HERKUNFT:** Aus Südamerika, d.h. aus tropischen Gegenden in Brasilien und den umliegenden Ländern.

 **ANDERES:** Um das Wachstum anzuregen, wird er gern einmal im Jahr umgetopft. Enthält besonders viel Vitamin C und wurde deshalb früher u.a. von Seeleuten gegessen, um nicht an der Vitaminmangelkrankheit Skorbut zu erkranken. Vorsicht! Die Pflanze ist für Katzen giftig!

# Efeutute
## (Epipremnum aureum)

Dieser 70er-Jahre-Klassiker war früher in jedem Zuhause fast obligatorisch. Genau wie die Goldfruchtpalme und die Sansevieria hat die Efeutute besonders luftfilternde Eigenschaften. Sie ist ziemlich widerstandsfähig und robust – und damit eine einfache Pflanze, mit der man gut klarkommt. Sie gedeiht besonders gut, wenn sie sich um einen Moosstab ranken darf oder um den Topf, in dem sie wächst, gelegt wird. Mein Partner hat in seinem Loft, und zwar in einer unter einem Fenster hängenden Blumenampel, eine Efeutute, die dort wunderbar gedeiht. Auch wenn es sich eigentlich um eine Wärme und Feuchtigkeit liebende Tropenpflanze handelt, ist sie normalerweise so anpassungsfähig, dass sie sich an das Raumklima und die Pflege gewöhnt, die sie bekommen kann.

In der Regel sind die Blätter der Efeutute – wenn sie als Zimmerpflanze gehalten wird – grün, doch unter optimalen Bedingungen und mit ausreichend Licht entwickelt sie ihre charakteristischen gelb-grün gefleckten Blätter.

 **LICHT:** Eine ziemlich dankbare Pflanze, bevorzugt aber gute Lichtverhältnisse, am liebsten indirektes Licht. Direkte Sonneneinstrahlung lässt die Spitzen verbrennen, d. h., das solltest du vermeiden. Steht die Efeutute in einer dunklen Ecke, dann überlebt sie auch, wächst aber nur langsam.

 **GIESSEN:** Gleichmäßig feucht halten. Man gießt wieder, wenn die ersten paar Zentimeter der Blumenerde getrocknet sind – im Sommerhalbjahr einmal wöchentlich, im Winterhalbjahr zweimal monatlich. Achte darauf, dass die Wurzeln nicht in nasser Erde stehen, weil sie sonst faulen.

 **BLUMENERDE:** Blumenerde mit Drainagekugeln zuunterst. Die Efeutute lässt sich – um sie zu weiterem Wachstum zu stimulieren – gern jedes Jahr oder jedes zweite Jahr umtopfen.

 **DÜNGEN:** Dünge im Frühjahr und Sommer zwei- bis dreimal monatlich, im Winterhalbjahr wenig oder gar nicht. Das Gleiche gilt für die ersten zwei Monate nach dem Umtopfen.

 **HERKUNFT:** Aus Polynesien, wo sie als Schlingpflanze wächst.

 **ANDERES:** Auch wenn sich die Efeutute wegen ihrer luftfilternden Eigenschaften perfekt für Asthmatiker und Allergiker eignet, so ist sie jedoch auch giftig und darf deshalb nie gekaut oder gegessen werden.

*Die Efeutute lässt sich sehr leicht vermehren: Nimm einen Trieb mit zwei bis vier Blättern und stelle ihn zur Wurzelbildung ein paar Wochen ins Wasser oder pflanze ihn direkt in feuchte Blumenerde. (Siehe S. 32 zum Thema Vermehrung durch Ableger.)*

# Feige
## (Ficus carica)

Eine meiner absoluten Lieblingspflanzen! Eine zarte, luftige und elegante Pflanze, die jedem Zuhause eine fruchtbar-üppige Prägung – und nahezu Mittelmeerstimmung – verleiht. Das Blattwerk ist noch dazu von kulturhistorischer, ikonischer Bedeutung.

Wenn dein Feigenbäumchen ideale Lebensbedingungen hat, dann gelingt es dir, weiche, süße Feigen als Zubehör für deine Käseplatte zu züchten. Ich selbst musste nach mehreren Jahren, in denen ich es versucht hatte, erfahren, dass genau das sehr schwierig ist, es sei denn, wir hatten einen rekordwarmen Sommer. Bei „Sommer" denke ich u. a. auch an Milchprodukte wie frischen Joghurt, Sahne oder Pannacotta. Wusstest du schon, dass man Feigenblätter in Sahne einlegen und dann mit der Sahne Pannacotta mit Feigengeschmack zubereiten kann?

Ein Feigenbäumchen verliert im Winter seine Blätter. Zum Überwintern solltest du es an einen kühlen, frostfreien Ort stellen, wo es lediglich etwas Licht von einem Fenster braucht. Wenn das Frühjahr kommt, treibt das Feigenbäumchen wieder neue Blätter aus. Sobald kein Frost mehr ist, kann es wieder ins Wohnzimmer oder nach draußen.

 **LICHT:** Die Feige steht am liebsten in einer geschützten und sonnigen Ecke.

 **GIESSEN:** Das ist eine durstige Pflanze, die ziemlich viel Wasser braucht. Sorge aber für eine gute Drainage, sodass überschüssiges Wasser ablaufen kann. In der Ruhephase im Winter gießt du nur einmal monatlich, und das ziemlich sparsam.

 **BUMENERDE:** Nimm einen geräumigen Topf mit handelsüblicher Blumenerde und einer Schicht Drainagekugeln zuunterst. Achte darauf, dass der Topf so groß ist, dass das Bäumchen einige Jahre darin stehen bleiben kann. Der Feigenbaum mag Umtopfen nämlich nicht so sehr.

 **DÜNGEN:** Braucht sehr wenig Düngung; man gibt ihm während der Wachstumsphase nur ein paarmal organischen Flüssigdünger.

 **HERKUNFT:** Aus Südostasien und den Mittelmeerländern.

 **ANDERES:** Der Feigenbaum kann ab und zu einen strengen Geruch absondern. Auch wenn man dann vielleicht die Katze des Hauses verdächtigen sollte, sich im Haus erleichtert zu haben, so ist doch das Feigenbäumchen in der Ecke der eigentliche Sünder.

# Fensterblatt / Monstera

## (Monstera deliciosa)

In der Pflanzengattung Monstera ist das Fensterblatt *(Monstera deliciosa)* die am meisten verbreitete Zimmerpflanzenart. Hast du die 1970er-Jahre erlebt? Wenn ja, dann hast du diese tropische Pflanze vielleicht schon über, aber sie hatte später ihr Comeback und ist nun schon seit Jahren der Spitzenreiter der grünen Zimmerpflanzenbewegung. Ich bin Anfang der 1980er geboren und finde das Fensterblatt unglaublich faszinierend und schön. Diese Pflanze hält was aus! Sie ist unglaublich anpassungsfähig und zäh, und vielleicht ist das eine Erklärung dafür, dass sie zum Anführer der neuen Pflanzenbewegung wurde. Man sieht sie, mit ihren charakteristischen, großen herzförmigen Blättern, überall. Die Blätter sind auch geschlitzt, damit sie unter den schweren Regengüssen in ihren tropischen Ursprungsländern nicht zerbrechen.

 **LICHT:** Mag viel und am liebsten indirektes Licht. Im Sommerhalbjahr musst du sie etwas von deinen sonnigsten Fenstern wegrücken, damit das Blattwerk nicht verbrennt und braun wird. Im Winter solltest du sie wieder in die Nähe eines Fensters rücken.

 **GIESSEN:** Gleichmäßig feucht halten. Es sollte gegossen werden, wenn die oberste Schicht Erde, d.h. die obersten Zentimeter, trocken sind. Im Sommerhalbjahr einmal wöchentlich, im Winterhalbjahr zweimal monatlich. Je weniger Licht sie bekommt und je kühler der Raum, desto weniger Wasser braucht sie.

 **BLUMENERDE:** Nimm handelsübliche Blumenerde mit einer Schicht Drainagekugeln zuunterst. Wünschst du dir eine große Pflanze, dann topfe sie jedes oder jedes zweite Jahr um. Den Wurzeln wird es schnell zu eng.

 **DÜNGEN:** Im Frühjahr und Sommer zweimal monatlich, im Winter wenig oder gar nicht.

 **HERKUNFT:** Aus den feuchten Regenwäldern im Süden Mexikos.

 **ANDERES:** Schlitzen sich die Blätter nicht auf, dann ist das ein Zeichen für zu wenig Licht. Um das weitere Wachstum anzuregen, entferne, je größer die Pflanze wird, die unteren, kleineren Blätter.

*Im Botanischen Garten Estufa Fria im portugiesischen Lissabon verschwindet man leicht zwischen diesen enormen Fensterblättern. Wenn du aber genau hinschaust, dann entdeckst du den Kopf des Autors im Blättermeer.*

## Wusstest du schon?

Die Luftwurzeln der Monstera wurden in Peru für Seile und in ihrem Herkunftsland Mexiko zur Herstellung von Körben verwendet. Ein Extrakt der Pflanze wurde als linderndes Mittel gegen Gelenkrheuma eingesetzt. Auf Martinique stellt man aus den Wurzeln eine Naturmedizin gegen Schlangenbisse her. Und in Kolumbien und vielen anderen Ländern werden bei festlichen Anlässen die Blätter gern zum Dekorieren verwendet.

# Fischgrätenkaktus

## (Epiphyllum anguliger)

Das ist eine meiner Empfehlungen, wenn du dir eine robuste Pflanze wünschst. Der Fischgrätenkaktus hält viel aus, bloß nicht pralle Sonne. Es ist eine ungewöhnliche Sukkulente: Sie gedeiht in einem feuchten Klima im Halbschatten, während die meisten anderen Sukkulenten und Kakteen genügsame Sonnenanbeter sind. Der Fischgrätenkaktus macht sich besonders gut in einer Ampel oder auf einem Pflanzensockel, weil dort seine farnähnlichen Blätter besonders schön zur Geltung kommen.

 **LICHT:** Er kann gut im Halbschatten und an einem Ort ohne viel Licht stehen.

 **GIESSEN:** Hat es gern trocken, d.h., die Erde sollte bis zum nächsten Gießen am besten ganz trocken werden. Mag eine leichte Dusche aus der Sprayflasche, besonders wenn im Winterhalbjahr die Innenluft sehr trocken ist.

 **BLUMENERDE:** Nimm sandhaltige Anzucht- und Kakteenerde mit einer Schicht Drainagekugeln zuunterst. Für eine noch bessere Drainage empfiehlt es sich, auch noch einige Kugeln mit in die Erde zu mischen.

 **DÜNGEN:** Dünge im Frühjahr ein- bis zweimal mit organischem Flüssigdünger.

 **HERKUNFT:** Aus Mexiko.

 **ANDERES:** Ausgesprochen lange Stängel können gut beschnitten bzw. ganz zurückgeschnitten werden. Das stimuliert das Sprießen neuer, frischer Triebe.

# Geigenfeige

## (Ficus lyrata)

Diese dekorative Pflanze mit ihrem kamerafreundlichen und interessanten Blattwerk ist zurzeit auf Instagram der Liebling aller. Die Geigenfeige – allein in einem großen Topf – macht sich gut als Blickfang. Sie ist relativ robust, aber empfindlich, wenn man sie zu oft umstellt. Suche ihr am besten einen schönen Platz und lass sie dann dort bleiben. Unter guten Lebensbedingungen kannst du davon ausgehen, dass sie in Innenräumen circa zwei Meter groß wird. Die Geigenfeige mag es, wenn man sie zwischendurch etwas abstaubt bzw. abwäscht, denn auf den harten, steifen Blättern lagern sich häufig Schwebstoffe aus der Luft ab. Um ihr bei der maximalen Lichtaufnahme zu helfen, wisch die Blätter immer mal wieder mit einem leicht feuchten Lappen ab.

 **LICHT:** Mag gute Lichtverhältnisse, am liebsten viel indirektes Licht. Sie verträgt direktes Licht, wenn sie in einem Ost- oder Westfenster stehen kann, d.h. mit kürzeren Perioden Morgen- bzw. Abendsonne.

 **GIESSEN:** Die Blumenerde sollte bis zum nächsten Gießen am besten trocken werden. Teste mit dem Daumen, ob die Pflanze schon wieder Wasser braucht. Sind die beiden ersten Zentimeter Blumenerde trocken, dann wird es Zeit, wieder zu gießen.

 **BUMENERDE:** Nimm handelsübliche Blumenerde mit Drainagekugeln zuunterst. Für eine noch bessere Drainage mische am besten auch noch einige Kugeln mit in die Erde. Die Geigenfeige wird gern in den ersten Jahren oft umgetopft, weil dies das Wachstum stimuliert.

 **DÜNGEN:** Düngetechnisch handelt es sich hier um eine sehr flexible Pflanze. In der Wachstumsphase (März–Oktober) kannst du ihr ruhig einmal monatlich Flüssigdünger geben.

 **HERKUNFT:** Aus Westafrika, d.h. Sierra Leone und Kamerun. Draußen in der freien Natur kann die Pflanze bis zu 15 Meter hoch werden.

 **ANDERES:** Es ist möglich, von der Geigenfeige Kopfstecklinge zu nehmen, d.h. die Spitze mit zwei Blättern abzuschneiden und diese dann zum Bewurzeln ins Wasser zu stellen. Sei dir dessen bewusst, dass das Bewurzeln der Stecklinge etwas schwierig sein kann. Der Vorteil jedoch, wenn man einen Steckling von der Spitze nimmt, ist, dass die Mutterpflanze danach mehrere Zweige ausbildet und so buschiger wird.

# Geldbaum/ Jadebaum

## (Crassula ovata)

Eine Sukkulente, die in ihren Blättern Wasser speichert und deshalb trockenresistent ist. Der Geldbaum ist ein Glückssymbol, daher der Name. Kann mehrere Monate ohne Wasser auskommen. Unter optimalen Bedingungen bildet er im Frühjahr kleine, helle Blüten aus.

 **LICHT:** Der Geldbaum braucht, um gleichmäßig zu wachsen, gute Lichtverhältnisse – am besten direktes Sonnenlicht. Wächst gewöhnlich in wüstenähnlichen Landschaften, daher gib ihm gern deinen sonnigsten Standort. Gut für sein gleichmäßiges Wachstum ist, wenn du ihn regelmäßig drehst.

 **GIESSEN:** Sehr sparsam – die Pflanze bekommt Wasser, wenn bis zum nächsten Gießen die oberste Erdschicht ganz getrocknet ist. Kann in der Regel alle zwei Wochen gegossen werden, dann aber sparsam. Im Winter reicht es einmal monatlich, aber auch nur dann, wenn die Blumenerde im Topf ganz getrocknet ist.

 **BLUMENERDE:** Nimm sandhaltige Blumenerde mit einer Schicht Drainagekugeln zuunterst. Du kannst auch handelsübliche, mit Torf- bzw. Bleichmoos durchmischte Blumenerde verwenden.

 **DÜNGEN:** Eine sehr genügsame Pflanze. Nimm daher etwas Flüssigdünger und dünge sparsam – zweimal im Zeitraum von März bis September.

 **HERKUNFT:** Aus Südafrika.

 **ANDERES:** Vermehrung durch Blattstecklinge (siehe S. 28). Der Geldbaum lässt sich im Frühjahr umtopfen, wenn es für dessen Wurzeln zu eng geworden ist. Gedeiht dann am besten in einem relativ flachen Topf.

# Glücksfeder/Zamie
## (Zamioculcas zamiifolia)

Diese hier ist etwas für dich, wenn du auf der Suche nach einer genügsamen und pflegeleichten Pflanze bist. Die Glücksfeder hält das meiste aus und ist die perfekte Pflanze für alle neuen Pflanzenfreunde, die noch keinen grünen Daumen ausgebildet haben. Die Pflanze hat dekorative, große, dicke und glänzende Blätter, doch das Faszinierendste an ihr befindet sich unter der Erde, nämlich die großen, kartoffelähnlichen Wurzeln, ähnlich einem Wurzelstock, mit ihrer einzigartigen Fähigkeit, Wasser zu lagern. Und gerade ihretwegen kann die Pflanze längere Perioden überleben, ohne gegossen zu werden. Wieder perfekt für die Schusselköpfe unter uns!

 **LICHT:** Kommt mit den meisten Lichtverhältnissen klar – von sehr viel bis sehr wenig Licht. Ich selbst habe mehrere Exemplare in meinem Badezimmer stehen, wo sie lediglich durch die Deckenspots mit Licht versorgt werden und doch dauernd neue Triebe bekommen. Anscheinend gedeiht die Pflanze am besten in relativ warmen Räumen,

 **GIESSEN:** Übersteht lange Trockenperioden. Sie mag lieber, dass ihre Erde austrocknet – und man sie eine Zeit lang links liegen lässt –, als dass man sie zu oft gießt.

 **BLUMENERDE:** Am besten mit Drainagekugeln durchmischte Anzucht- und Kakteenerde mit einer Lage Drainagekugeln zuunterst. Die Glückfeder steht gern in einem engen Topf. Du solltest erst dann umtopfen, wenn die Wurzeln den Topf zu sprengen drohen. Der neue Topf sollte im Umfang lediglich ein paar Zentimeter größer sein.

 **DÜNGEN:** Braucht im Allgemeinen wenig Nahrung. Dünge sie im Sommerhalbjahr nur zwei- bis dreimal.

 **HERKUNFT:** Aus Afrika, d.h. von Kenia im Osten bis hinunter nach Südafrika.

 **ANDERES:** Die Glückfeder lässt sich leicht durch Teilen des Wurzelballens und Einpflanzens der Teile in frische Erde vermehren. Die Pflanze reinigt die Luft und ist deshalb gut für Asthmatiker und Allergiker geeignet. Vorsicht! Der Saft der Blätter enthält Oxalsäure, die unsere Schleimhäute reizen kann.

# Goldfruchtpalme / Areca - Palme
## (Dypsis lutescens)

Die Goldfruchtpalme bzw. Areca-Palme lässt uns unmittelbar an südlichere Breitengrade, Sonne und Wärme denken. Mit ihrer charakteristischen Form stellt sie ein tropisches und üppiges Element in unseren nördlicher gelegenen Wohnungen und Häusern dar. Und vergessen wir nicht ihre ungeheure Fähigkeit, die Luft zu reinigen. Untersuchungen haben gezeigt, dass die Goldfruchtpalme besonders effektiv Schadstoffe wie Xylen und Toluol (auch bekannt als Toluen) in der Luft beseitigt. Die Pflanze passt perfekt zu Asthmatikern und Allergikern und ist auch für Hunde und Katzen im Haushalt sicher.

 **LICHT:** Sie mag gute Lichtverhältnisse, besonders indirektes Licht. Ein Südfenster passt, sie sollte aber nicht mehr als zwei bis drei Stunden täglich direktem Sonnenlicht ausgesetzt sein.

 **GIESSEN:** Gleichmäßig feucht halten. Gegossen wird, wenn die oberste Erdschicht, d.h. die obersten paar Zentimeter, trocken sind. Im Sommerhalbjahr einmal wöchentlich, im Winterhalbjahr zweimal monatlich. Je dunkler und kühler das Zimmer, desto weniger Wasser braucht die Pflanze.

 **PFLANZENERDE:** Blumenerde mit Drainagekugeln zuunterst im Topf. Die Goldfruchtpalme ist genügsam und wächst gut in einem engen Topf. Möchtest du eine große Pflanze heranziehen, dann ist es sinnvoll, jedes zweite oder dritte Jahr umzutopfen.

 **DÜNGEN:** Im Frühjahr und Sommer zwei- bis dreimal monatlich. Wenig oder kein Dünger im Winterhalbjahr sowie in den ersten paar Monaten nach dem Umtopfen.

 **HERKUNFT:** Aus Madagaskar und Südindien. Die Palme kann dort zwischen 6 und 12 Metern groß werden.

 **ANDERES:** Unter guten Wachstumsbedingungen kann sie kleine, bescheidene Blüten herausbilden, die sich zu kleinen, eierförmigen Früchten entwickeln, die zunächst gelblich und dann nach Reifung dunkellila, schon fast schwarz, werden.

*Da die Goldfruchtpalme oben in die Breite geht, funktioniert sie hervorragend als Raumteiler und lässt sich nutzen, um in einer Wohnung und im Büro abgeschirmte Zonen zu bilden und Einblicke zu verhindern.*

# *Grünlilie*

## *(Chlorophytum comosum)*

Die Grünlilie ist eine dankbare Pflanze, die, neben ihrer frischen und apfelgrün-üppigen Erscheinung, auch noch luftfilternde Eigenschaften besitzt. Sie gedeiht, was Wachstumsbedingungen betrifft, fast überall, braucht allerdings etwas Pflege, damit es ihr *wirklich* gut geht und sie auch Ableger ausbildet. Die Grünlilie treibt lange Stängel mit Kindeln aus, die man einfach als Ableger nehmen kann.

 **LICHT:** Halbschatten oder teilweise sonnig, direktes Sonnenlicht sollte aber vermieden werden, weil sonst die Blattspitzen verbrennen.

 **GIESSEN:** Mag gleichmäßige Feuchtigkeit, doch lass die Erde ruhig bis zum nächsten Gießen leicht antrocknen. Mag eine leichte Dusche aus der Sprayflasche, besonders wenn im Winterhalbjahr die Innenluft sehr trocken ist.

 **BLUMENERDE:** Nimm handelsübliche Blumenerde mit einer Schicht Drainagekugeln zuunterst. Für eine noch bessere Drainage mische am besten auch noch einige Kugeln mit in die Erde.

 **DÜNGEN:** Dünge in den Frühjahrs- und Sommermonaten ein- bis zweimal mit organischem Flüssigdünger.

 **HERKUNFT:** Aus dem südlichen Afrika.

 **ANDERES:** Die Grünlilie eignet sich sehr gut für Blumenampeln. Außerdem verträgt sie niedrige Temperaturen – bis zu 5 °C jeweils für circa zwei Wochen –, falls du vielleicht für dein Wochenendhäuschen oder deine Gartenlaube auf der Suche nach einer robusten Grünpflanze bist.

# Gummibaum

## (*Ficus elastica*)

Diese Pflanze zählt zur Gattung *Ficus*. Die Blätter enthalten Latex, der früher für die Produktion von Gummi verwendet wurde – daher der Name. Der Gummibaum ist eine sehr pflegeleichte Pflanze, die viel aushält. Das Einzige, was sie nicht mag, ist zu häufiges Gießen und ebensolches Umstellen. Die Pflanze hat schöne, blanke, gummiartige Blätter, die man gut einmal im Monat mit einem feuchten Lappen abwischen sollte, damit ihr Glanz bewahrt und die optimale Lichtabsorption gewährleistet wird.

 **LICHT:** Der Gummibaum mag am liebsten gute Lichtverhältnisse. Wenn er zu sonnig steht, werden seine Blätter statt grün eher burgunderbraun.

 **GIESSEN:** Gleichmäßig feucht halten. Man gießt wieder, wenn die ersten paar Zentimeter der Blumenerde getrocknet sind – im Sommerhalbjahr einmal wöchentlich, im Winterhalbjahr zweimal monatlich. Je weniger Licht er bekommt und je kühler der Raum, desto weniger Wasser braucht er.

 **BLUMENERDE:** Nimm handelsübliche Blumenerde mit einer Schicht Drainagekugeln zuunterst. Für eine noch bessere Drainage mische am besten auch noch einige Kugeln mit in die Erde. Mag eventuell, alle zwei Jahre umgetopft, und am liebsten, mit anderen gleich großen Gummipflanzen in einem größeren Topf zusammen eingetopft zu werden.

 **DÜNGEN:** Dünge im Frühjahr und Sommer zweimal monatlich, im Winterhalbjahr wenig oder gar nicht.

 **HERKUNFT:** Aus Indien und Malaysia, wo er bis zu vierzig Meter hoch werden kann.

 **ANDERES:** Eine giftige Pflanze für unsere Haustiere, und der Saft der Blätter kann beim Menschen Hautirritationen hervorrufen.

# Korbmarante
## (Calathea orbifolia)

Man sagt, die Schönheit habe ihren Preis – und diese üppige, eitle Pflanze mit ihrem charakteristischen, auffallenden Blattwerk verlangt so einiges an Aufmerksamkeit und Pflege. Die Korbmarante empfehle ich dir, wenn du dich gern um Pflanzen kümmerst und dafür eine visuell prächtige Belohnung haben möchtest.

Die Korbmarante wächst am liebsten auf dem Waldboden im Dschungel, dort, wo es feucht ist und wenig direktes Sonnenlicht hingelangt. Deshalb kommt sie mit weniger Licht aus als so manch andere Pflanzen, was wiederum eine wichtige Voraussetzung für die Eignung als Topfpflanze ist. Die Korbmarante gedeiht gut im Halbschatten und am liebsten in einer feuchten Umgebung wie z. B. in einem Badezimmer mit regelmäßigen Wasserdampf von Dusche und Badewanne.

 **LICHT:** Indirektes Licht. Verträgt oft auch mehr Schatten. Direktes Sonnenlicht verträgt sie schlecht, und ihre Blätter bekommen leicht Sonnenschäden. Sollte so wenig wie möglich umgestellt werden.

 **GIESSEN:** Liebt und braucht so einiges an Wasser – im Sommerhalbjahr mehrmals wöchentlich, im Winterhalbjahr ein- bis zweimal wöchentlich. Vermeide es, die Pflanze im Wasser stehen zu lassen, sonst ertrinkt sie, und ihre Wurzeln faulen. Sie mag feuchte Luft, also sprüh sie oft ab.

 **BUMENERDE:** Blumenerde mit Drainagekugeln zuunterst.

 **DÜNGEN:** Im Frühjahr und Sommer zwei- bis dreimal monatlich. In den Herbstmonaten sollte das Düngen auf einmal monatlich reduziert werden, in den Wintermonaten sollte gar nicht gedüngt werden.

 **HERKUNFT:** Aus Lateinamerika, genauer gesagt, aus Boliviens tropischen und subtropischen Wäldern.

 **ANDERES:** Die Korbmarante ist eine tropische Pflanze und liebt die Wärme. Fallen die Temperaturen unter 12 °C, dann rollen sich die Blätter zusammen. Schneide gelbe und braune Blätter ab, am besten unten am Stiel; das stimuliert das Wachstum. Braucht nicht beschnitten zu werden, aber entferne beschädigte und kranke Blätter!

Die Korbmarante hat große und kräftige Blätter und gedeiht in hoher Luftfeuchtigkeit. Man kann sie ein paarmal die Woche mit lauwarmem Wasser absprühen und sie vorzugsweise auf eine Schicht Drainagekugeln oder in einen Hydrotopf, der ein paar Zentimeter hoch mit Wasser gefüllt ist, stellen. Wieder andere schwören auf Luftbefeuchter. Oder am besten: ein Badezimmer mit Fenster, in dem die Pflanze regelmäßig Wasserdampf von Dusche und Badewanne abbekommt.

# Paradiesvogelblume

## (Strelitzia nicolai)

Das ist eine tropische, große und deshalb ihren Platz beanspruchende Pflanze, bekannt unter dem Namen Paradiesvogelblume. Sie ist weit entfernt mit der Bananenpflanze verwandt, aber pflegeleichter als diese. Die Paradiesvogelblume kann mehrere Meter hoch werden, auch in Innenräumen. Sie hat große charakteristische Blätter und wächst schnell, normalerweise mit jedem neu sprießenden Blatt um ganze 10–15 Zentimeter. Die Blätter der Paradiesblume, genau wie die der Bananenpflanze, reißen bzw. splittern oft auf. Das ist von Natur aus so gedacht und hilfreich, damit sie Windböen übersteht. Ich selbst finde das für ihr tropisches und dekoratives Aussehen nur von Vorteil. Hast du vielleicht eine Sitzecke im Garten, eine Terrasse oder einen Balkon, dann verbringt die Pflanze das Sommerhalbjahr gern dort.

 **LICHT:** Das ist eine Pflanze, die Licht liebt und unter guten Lichtverhältnissen gedeiht, doch vermeide starke Sonneneinstrahlung über einen längeren Zeitraum hinweg. Optimale Bedingungen hat sie in einem Zimmer mit einem Ost- oder Westfenster.

 **GIESSEN:** Mag ziemlich feuchte Erde, doch sorge dafür, dass die oberste Erdschicht – d.h. ein paar Zentimeter tief – bis zum nächsten Gießen trocknen darf. Im Frühjahr und Sommer bekommt sie gern zweimal wöchentlich Wasser. Wische auch, am besten regelmäßig, die Blätter mit einem leicht feuchten Lappen ab.

 **BLUMENERDE:** Nimm handelsübliche Blumenerde mit einer Schicht Drainagekugeln zuunterst. Für eine noch bessere Drainage mische am besten auch noch einige Kugeln mit in die Erde.

 **DÜNGEN:** Mag im Frühjahr und Sommer alle zwei Wochen Dünger.

 **HERKUNFT:** Aus Südafrika, Madagaskar und den umliegenden Ländern.

 **ANDERES:** Wie oft man umtopfen muss, hängt davon ab, wie schnell die Pflanze wächst. In den ersten Jahren ist damit zu rechnen, jedes Jahr umtopfen zu müssen, später alle zwei Jahre. Du kannst zur Vermehrung von der Pflanze ziemlich einfach Sprösslinge nehmen, aber erst dann, wenn die an der Mutterpflanze sich gebildeten Jungpflanzen bereits zwei, drei Blätter getrieben haben. Unter sehr guten Wachstumsbedingungen mag deine Paradiesvogelblume exotische Blüten hervorbringen, die einem fliegenden Paradiesvogel ähneln.

# Sansevieria/Bogenhanf
## (Sanseviera trifasciata)

Diese Sukkulente ist ungeheuer robust und überlebt das meiste – auch Austrocknen und trockene Zimmerluft im Winter. Man nennt sie auch Bajonettpflanze – wegen ihrer charakteristischen spitzen, dicken Blätter. Die Sansevieria ist bekannt als eine der besten luftreinigenden bzw. luftfilternden Pflanzen überhaupt, deshalb eignet sie sich perfekt für Asthmatiker und Allergiker. Sie bildet auf magische Weise aus Kohlendioxid Sauerstoff – auch nachts – und passt deshalb ausgezeichnet ins Schlafzimmer. Laut NASA soll es für einen Menschen möglich sein, in einem hermetisch abgeschlossenen Raum zu überleben, vorausgesetzt, dort wachsen auch sechs bis acht Sansevierien. Vorsicht! Die Pflanze ist giftig – nicht nur für uns, sondern auch für unsere vierbeinigen Freunde.

**LICHT:** Mag am liebsten einen hellen Standort mit direkter Sonne, sie wächst aber auch mit viel Schatten, d. h., sie überlebt das meiste. In ihrem natürlichen, warmen Habitat steht sie oft in praller Sonne.

**GIESSEN:** Selten! In den Frühjahrs- und Sommermonaten alle drei Wochen, in der restlichen Zeit höchstens einmal monatlich. Sie trocknet am liebsten ganz aus und mag es, wenn man sie eine Zeit lang links liegen lässt.

**BLUMENERDE:** Anzucht- und Kakteenerde oder handelsübliche Blumenerde. Bei Letzterem: Denk daran, viele Drainagekugeln mit in die Erde zu mischen. Die Pflanze steht gern in einem engen, nicht zu großen Topf. Du solltest erst dann umtopfen, wenn die Wurzeln den Topf zu sprengen drohen. Der neue Topf sollte im Umfang dann lediglich ein paar Zentimeter größer sein.

**DÜNGEN:** Braucht wenig Dünger – im Sommerhalbjahr reicht einmal monatlich. Nach dem Umtopfen hat die Sansevieria in der Regel genug Pflanzennahrung für ein ganzes Jahr. Sonst empfiehlt es sich, ihr auch einmal im Jahr Langzeitdünger zu verabreichen.

**HERKUNFT:** Aus dem tropischen Westen Afrikas, wo man ihre zähen Blattfasern zum Fertigen von Seilen und Bogensehnen verwendet.

**ANDERES:** Kann vermehrt werden, indem man einfach ein abgeschnittenes Blatt in Blumenerde steckt.

# Schwertfarn

## (Nephrolepis exaltata)

Farne lieben Feuchtigkeit und sind sehr gute Luftreiniger. In der Natur betrachtet man Farne oft als Unkraut, doch in Innenräumen können sie mit ihrem üppigen, spangrünen Blattwerk richtig dekorativ sein. Schwertfarne gibt es in vielen Varianten, auch mit gekräuselten Blättern. In der Natur wachsen sie auf schattigem und feuchtem Waldboden.

 **LICHT:** Kann etwas weiter im Zimmer und im Schatten anderer Pflanzen stehen. Verträgt moderate Lichtverhältnisse.

 **GIESSEN:** Eine feuchtigkeitsliebende Pflanze. Muss gleichmäßig feucht gehalten und gegossen werden, wenn die Erde immer noch leicht feucht ist. Farne nehmen auch durch die Blätter Wasser auf. Sie werden gerne nass und mögen regelmäßiges Absprühen.

 **BUMENERDE:** Nimm handelsübliche Blumenerde mit Drainagekugeln zuunterst. Für eine noch bessere Drainage mische am besten auch noch einige Kugeln mit in die Erde.

 **DÜNGEN:** Von Frühjahr bis Herbst einmal monatlich.

 **HERKUNFT:** Ursprünglich aus tropischen Gefilden.

 **ANDERES:** Da die Blätter etwas rieseln, darfst du die Pflanze zwischendurch gern einmal leicht schütteln, um die trockenen Blattteilchen zu entfernen.

# Strahlenaralie

## (Schefflera)

Wenn du für deine Sammlung auf der Suche nach einer beständigen Pflanze bist, dann nimm diese hier! Die Strahlenaralie ist genügsam, braucht wenig Pflege und übersteht Temperaturen bis runter zum Gefrierpunkt. Das ist die perfekte Pflanze für Schusselköpfe!

 **LICHT:** Mag so viel Sonne wie möglich, aber keine direkte Sonne. Im Winter kann sie schon mal Blätter verlieren, aber weniger unter guten Lichtverhältnissen.

 **GIESSEN:** Verträgt und mag es, wenn die Blumenerde bis zum nächsten Gießen austrocknet. Gewässert wird erst dann wieder, wenn die Erde durch und durch trocken ist.

 **BLUMENERDE:** Nimm handelsübliche Blumenerde mit einer Schicht Drainagekugeln zuunterst. Für eine noch bessere Drainage mische am besten auch noch einige Kugeln mit in die Erde.

 **DÜNGEN:** Braucht wenig Dünger, aber gib ihr während der Wachstumsphase einmal monatlich organischen Flüssigdünger.

 **HERKUNFT:** Aus Taiwan, wo sie in der freien Natur bis zu zehn Meter hoch werden kann.

 **ANDERES:** Eine der einfachsten Pflanzen, wenn es ums Vermehren geht. Entweder schneidest du die Spitze ab oder einen Stängel und steckst sie bzw. ihn in eine transparente Flasche oder in ein Glas. Nachdem sich Wurzeln gebildet haben, pflanzt du den Ableger in Blumenerde. Es lohnt sich auch zu versuchen, einen abgeschnittenen Stängel direkt in Blumenerde zu stecken, denn oft gelingt die Wurzelbildung auch so.

# Ufopflanze

## (Pilea peperomioides)

Ein geliebtes Kind hat viele Namen – und diese besondere Pflanze mit ihren runden, dunkelgrünen Blättern nennt man sowohl Chinesischer Geldbaum als auch Kanonierblume, Elefantenohr und Missionarspflanze. Sie ist in den letzten Jahren zum Star unter den Hauspflanzen avanciert.

 **LICHT:** Braucht viel Licht, stell sie deshalb am besten ins Fenster. Vermeide in den wärmsten Sommermonaten direkte Sonneneinstrahlung, weil das die Blätter schädigen kann.

 **GIESSEN:** Mag hohe Luftfeuchtigkeit und im Sommerhalbjahr einmal wöchentlich Wasser. Sei im Winterhalbjahr sparsam beim Gießen und lass die Erde bis zum nächsten Mal trocken werden.

 **BLUMENERDE:** Nimm handelsübliche Blumenerde, aber Anzucht- und Kakteenerde geht auch. Sorge für gute Drainage mit einem Loch im Topfboden und Drainagekugeln als unterster Schicht.

 **DÜNGEN:** Dünge im Frühjahr und Sommer zwei- bis dreimal monatlich, im Winterhalbjahr wenig oder gar nicht.

 **HERKUNFT:** Stammt aus der Yunnan-Provinz im südwestlichen China, wo sie in 1500 bis 3000 Metern Höhe in feuchten Wäldern wächst.

 **ANDERES:** Zwischen April und Juli kann sie winzig kleine, büschelartig angeordnete Blüten ausbilden. Die Vermehrung der Pflanze ist einfach: entweder durch Stängelstecklinge oder indem man Wurzelsprösslinge entnimmt.

*Wer hat nicht schon einmal davon geträumt, dass Geld an Bäumen wachsen würde? Der Chinesische Geldbaum macht dich nicht reich, aber du erlebst vielleicht – genau wie Agnar Espegren – die Freude, die du anderen bereitest, wenn du ihnen ein oder zwei Ufopflanzen schenkst.*

# Agnar und die Ufopflanze

Die Ufopflanze *(Pilea peperomioides)* ist in den sozialen Medien eine äußerst beliebte Pflanze. Nur wenige wissen jedoch, dass sie – ihres chinesischen Hintergrunds zum Trotze – auch eine norwegische Geschichte erzählen könnte, und zwar eine etwas dramatische Liebesgeschichte über eine Pflanze und einen Missionar.

Agnar Espegren (1911–1982) wuchs in China auf. Seine norwegischen Eltern waren dort Missionare. Auch Agnar wurde Missionar, musste jedoch 1944, während der dortigen Unruhen, aus China flüchten. Auf seiner Flucht durch die chinesische Hochebene – 2800 Meter über dem Meeresspiegel – hatte Agnar Stecklinge der Ufopflanze bei sich, die er bis nach Norwegen mit sich trug. Freunde und Familie waren von der Pflanze fasziniert, und neue Stecklinge wurden weitergegeben. So vermehrte sich die Pflanze außerhalb Chinas – zuallererst in Norwegen und dann in der ganzen Welt. Daher auch einer ihrer vielen Namen: Norwegische Missionarspflanze. Die Ufopflanze ist heute weltweit eine der beliebtesten Topfpflanzen überhaupt.

# Wachsblume

## (Hoya)

*Hoya* gehört zu einer Pflanzenfamilie mit 200–300 Arten. Die meisten von ihnen haben wachsartige, ziemlich dicke Blätter. Sie ist eine eifrige Kletterpflanze, die sich mit Stahl- oder Pflanzendraht sehr weit hangeln kann. Die Wachsblume ist bekannt dafür, sehr genügsam zu sein. Unter optimalen Wachstumsbedingungen bekommt sie hübsche, porzellanartige Blüten.

 **LICHT:** Idealerweise sollte eine Wachsblume 12 Stunden am Stück Licht haben. Sie verträgt direktes Sonnenlicht gut, Zug aber überhaupt nicht und gedeiht am besten bei Temperaturen über 15 °C.

 **GIESSEN:** Die Erde sollte bis zum nächsten Gießen trocken werden. Im Frühjahr und Sommer braucht sie zweimal wöchentlich Wasser, im Herbst und Winter jedoch wesentlich weniger.

 **BLUMENERDE:** Nimm handelsübliche Blumenerde mit einer Schicht Drainagekugeln zuunterst. Für eine noch bessere Drainage mische am besten auch noch einige Kugeln mit in die Erde.

 **DÜNGEN:** Vom Frühjahr bis Herbst einmal monatlich.

 **HERKUNFT:** Aus den Wäldern Australiens und Asiens.

 **ANDERES:** Um die Pflanze zum Blühen zu bringen, stell sie ins direkte Sonnenlicht. Die Blüten verströmen – weil sie Nektar produzieren – einen sehr intensiven Duft.

# Zierspargel
## (Asparagus setaceus)

Eine der zartesten und luftigsten Pflanzen, die ich kenne – erstaunlich und elegant! Sie hat leichte, daunenartige Stängel und ein hauchfeines Erscheinungsbild. Das ist eine Feuchtigkeit liebende Pflanze. Hast du also ein Bad mit Fenster, wird sie dort wunderbar gedeihen. Die Zierspargel macht sich gut als frei stehender Blickfang, entweder auf einem Beistelltisch oder in einer Blumenampel.

 **LICHT:** Er gedeiht am besten etwas in den Raum gerückt und mit indirektem Licht. Lass kein direktes Sonnenlicht an den Zierspargel, denn dadurch färbt sich sein Blattwerk gelb.

 **GIESSEN:** Mag Wasser. Halte daher den Zierspargel gleichmäßig feucht. Die Erde sollte am besten nicht trocken werden.

 **BLUMENERDE:** Nimm handelsübliche Blumenerde mit einer Schicht Drainagekugeln zuunterst. Für eine noch bessere Drainage mische am besten auch noch einige Kugeln mit in die Erde.

 **DÜNGEN:** Dünge ihn während der Wachstumsphase ein- bis zweimal monatlich mit organischem Flüssigdünger.

 **HERKUNFT:** Aus Südafrika.

 **ANDERES:** Färben sich die Ranken gelb, dann liegt das entweder an zu viel Wasser, zu starker Lichteinstrahlung oder an zu hoher Zimmertemperatur. Diese sollte idealerweise bei etwa 18 °C liegen. Das gelbe Blattwerk kann gut abgeschnitten werden, aber pass auf, denn die Ranken haben kleine Dornen.

# Register

— Botanische Pflanzennamen

# Weiterlesen

Wir hoffen, dass dieses Buch dich ein wenig inspiriert und deine Neugier für Zimmerpflanzen geweckt oder verstärkt hat. Selbst wenn du nur einige wenige der Ideen in deinen Alltag aufnimmst, hat das Buch sein Ziel erreicht.

Ganz besonders freuen wir uns über Rückmeldungen unserer Leserschaft. Wir lernen ständig dazu, erweitern und optimieren regelmäßig die Anleitungen. Damit du immer auf dem neuesten Stand bleibst, empfehlen wir dir den Besuch der Seite:

⊕ *smarticular.net/pflanzenglueck*

Dort findest du aktuelle Informationen zum Buch, hast die Möglichkeit, Anmerkungen, Lob oder Kritik zu hinterlassen, Fragen an uns zu richten und wichtige Verbesserungen zu einzelnen Tipps nachzulesen.

Weitere Themen zu Zimmerpflanzen findest du auch unter:

⊕ *smarticular.net/zimmerpflanzen*

Darüber laden wir dich ein Anders (@arcticgardener) und smarticular.net auf Instagram und anderen sozialen Medien zu folgen. Damit du immer auf dem Laufenden bleibst, kannst du auch unseren Newsletter auf smarticular.net abonnieren.

Auf Seite 100 empfiehlt Anders einige Instagram-Konten.

Aber auch im deutschsprachigen Raum gibt es einige spannende Pflanzenenthusiasten. Vielleicht findest du ja die Profile von @my_green_home_and_me, @wingardium. levanessa oder @chrispresents.funwithplants spannend.

# Quellen

— Josifovic, Igor & De Graaf, Judith:
Urban Jungle, Callwey, 2016 (in englischer Sprache)

— Langton, Carlo & Ray, Rose:
Et hus med planter, Cappelen Damm, 2018 (in norwegischer Sprache)

— Schilèn, Linda:
Älskade krukväxter, Ordlaget Bokförlag, 2018 (in schwedischer Sprache)

— Stuber, Agnes:
Krukväxter för alla, Natur & Kultur, 2018 (in schwedischer Sprache)

— Vento, Susanna & Kantinkoski, Riikka:
Green Home Book, Cozy publishing, 2016 (in englischer Sprache)

— Viumdal. Jørn:
Skoglufteffekten, Panta forlag, 2018 (in norwegischer Sprache)

— Bjørnskau, Hilde/Norstrøm, Inger Marie (19.02.2017):
Det ubehagelige kontoret. Online verfügbar unter https://www.nrk.no/livsstil/xl/det-ubeha-gelige-kontoret-ditt-1.13341727 (in norwegischer Sprache)

— Tedsummaries.com (08.11.2014):
Kamal Meattle: How to grow fresh air. Online verfügbar unter https://tedsummaries.com/2014/11/08/kamal-meattle-how-to-grow-fresh-air/ (in englischer Sprache)

Herausgeber: smarticular Verlag

ISBN: 978-3-946658-68-9

ISBN E-Book: 978-3-946658-69-6

smarticular Verlag ist ein Imprint der Business Hub Berlin UG (haftungsbeschränkt)

Copyright der deutschen Übersetzung

© 2021 Business Hub Berlin UG (haftungsbeschränkt), Berlin

smarticular® ist eine Marke der Business Hub Berlin UG (haftungsbeschränkt)

2109

Copyright © 2019 by Cappelen Damm.

Published in agreement with NORTHERN STORIES.

(All rights reserved)

Unserer Umwelt zuliebe wurde dieses Buch auf umweltfreundlichem Recyclingpapier gedruckt, ausgezeichnet mit dem FSC®-Zertifikat für Papier aus Recyclingmaterial, dem Blauen
Engel (RAL-UZ 14/19487) und dem EU-Ecolabel.

Gedruckt in Deutschland von DRUCKZONE GmbH & Co. KG, Cottbus

## Urheberrecht

## Haftungsausschluss

Alle Rezepte und Tipps in diesem Buch wurden nach bestem Wissen erstellt. Für die Rich-
tigkeit und Vollständigkeit der Rezepte, Anleitungen und Tipps kann jedoch keine Haftung
übernommen werden. Des Weiteren wird keine Haftung übernommen für fehlerhafte
Zubereitung und Anwendung, auch nicht für Gesundheitsschäden durch unsachgemäße
Handhabung. Die Anwendungen und Rezepte in diesem Buch bieten keinen Ersatz für
eine therapeutische oder medizinische Behandlung. Im Zweifelsfall sollte ein Arzt zu Rate
gezogen werden.

## Bildverzeichnis

Alle Fotos Anders Røyneberg und Erik Schjerven, außer: s. 26, 109: @nelplant (Nelson De
Coninck); s. 64, 117: @annevaleur (Anne Valeur); s. 84: @steffolsen (Steffen Olsen); s. 107:
@lillevinter (Weronica Melbø-Jørgensen)

**Selber machen statt kaufen –
Küche**
ISBN: 978-3-946658-03-0

**Selber machen statt kaufen –
Haut und Haar**
ISBN: 978-3-946658-09-2

**Selber machen statt kaufen –
Garten und Balkon**
ISBN: 978-3-946658-30-6

Vergiss künstliche, ungesunde und umweltbelastende Fertigprodukte, denn viele bessere Alternativen kann jeder leicht zu Hause selber machen. Sie sind gesünder, besser für die Umwelt, fast immer preiswerter als konventionelle Fertigprodukte – und sie machen einfach Spaß!
Unsere besten Anleitungen und Ideen zum Selbermachen haben wir in den Büchern der Reihe *Selber machen statt kaufen* zusammengefasst. Lass dich inspirieren und mach auch dein Leben ein bisschen grüner!

**Selber machen statt kaufen –
Vegane Küche**
ISBN: 978-3-946658-60-3

**Zufällig vegan**
Softcover ISBN: 978-3-946658-36-8
Hardcover ISBN: 978-3-946658-37-5

Regional, saisonal und selbst gemacht: Mehr regionale pflanzliche
Lebensmittel in den Speiseplan zu
integrieren, bringt enorme Vorteile mit sich, sowohl für die Umwelt
als auch für die Gesundheit und die
Qualität der eigenen Nahrung.

Die Bücher „Zufällig vegan" und „Zufällig vegan – International" zeigen,
dass Gemüseküche mit überwie-
gend regionalen Zutaten gar nicht
langweilig ist, sondern sogar richtig
Spaß macht und dabei auch noch
gut schmeckt!

Im Buch „Selber machen statt kaufen
– Vegane Küche" zeigen wir, wie man
fast alle veganen Fertigprodukte aus
gesunden Zutaten selber machen
kann: vegane Alternativen zu Käse,
Mayo, Burgerpatties und Vielem mehr.

**Zufällig vegan – International**
ISBN: 978-3-946658-47-4

**Wirf mich nicht weg**
ISBN: 978-3-946658-43-6

**Neue Dinge aus alten Stoffen**
ISBN: 978-3-946658-55-9

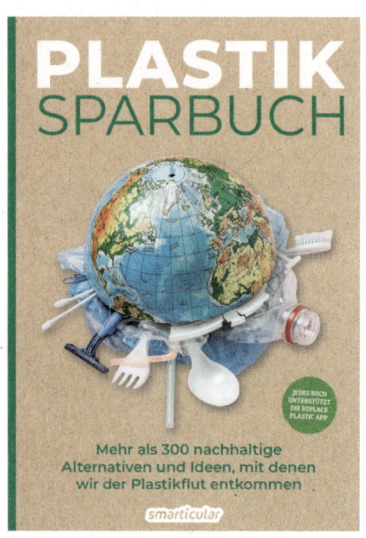

**Plastiksparbuch**
ISBN: 978-3-946658-33-7

Auch wenn wir in einer Zeit des gefühlten Überflusses leben, lohnt es sich, den persönlichen Ressourcenverbrauch zu hinterfragen. Oft lassen sich sich Verschwendung und gedankenloser Massenkonsum leicht umgehen.

Gut ein Drittel aller weltweit erzeugten Lebensmittel landen im Müll. Kleidungsstücke werden durchschnittlich nur noch viermal getragen, bevor sie entsorgt werden, und die Flut von Wegwerfplastikartikeln droht, die Umwelt und unsere Körper nachhaltig zu vergiften.

Diese Bücher zeigen, wie sich Abfälle mit einfachen Maßnahmen vermeiden und mit kreativen Rezepten und Anleitungen sinnvoll weiterverwerten lassen!